www.ingramcontent.com/pod-product-compliance
Lightning Source LLC
LaVergne TN
LVHW050955051026
849532LV00005B/1844
* 9 7 8 9 3 5 8 7 2 5 2 3 0 *

باقر نقوی

فن اور شخصیت

(چہار سو [راولپنڈی، پاکستان] کا خصوصی شمارہ)

ادارہ چہار سو

Baqar Naqvi : Funn aur Shakhsiat
by: Idara Chaharsu
Edition: May '2024
Publisher:
Taemeer Publications LLC (Michigan, USA / Hyderabad, India)

ISBN 978-93-5872-523-0

9 789358 725230

کتاب	:	**باقر نقوی : فن اور شخصیت**
مرتب	:	**ادارہ چہارسو**
صنف	:	تحقیق و تنقید
ناشر	:	تعمیر پبلی کیشنز (حیدرآباد، انڈیا)
سالِ اشاعت	:	۲۰۲۴ء
صفحات	:	۵۲

قرطاسِ اعزاز

○

اپنی زباں کا قرض ادا کر رہا ہوں میں
خاموش وادیوں میں ندا کر رہا ہوں میں

مجھ کو سزائے عفو عطا کر مرے خدا
پھر ارتکابِ جرمِ دعا کر رہا ہوں میں
(باقر)

○○

قرطاسِ اعزاز

○

باقر نقوی

○

کے نام

○○○

''عاشقی کا پیراہن''

عروب شاہد ...... (اسلام آباد)

سید محمد باقر نقوی عالمی شناخت کے حامل شاعر، ادیب اور مترجم کے طور پر جانے جاتے ہیں۔ آپ نہ صرف غزل اور نظم کے صاحبِ اسلوب شاعر ہیں بلکہ اردو نثر بالخصوص افسانہ اور سائنسی مضامین کے حوالے سے بھی اختصاصی مقام کے حامل تصور کیے جاتے ہیں۔ آپ کا ایک اختصاص الفریڈ نوبل انعام یافتہ اہلِ قلم کے تعارف، تراجم اور تخلیقات پر مشتمل تین جلدوں میں دو ہزار پانچ سو صفحات کی کتاب اردو ادب میں پہلا اور منفرد کارنامہ ہے۔

باقر نقوی صاحب Chartered Insurance Institute Associateship سے گریجویٹ ہیں اب تک آپ بطور اسسٹنٹ ڈائریکٹر آپریشن CCL Assurance, لندن، ایگزیکٹو ڈائریکٹر EFU, Life Assurance کراچی اور چیف ایگزیکٹو ALLIANZ-EFU Health Insurance کے طور پر خدمات انجام دے چکے ہیں۔

باقر صاحب بنیادی طور پر برطانوی شہریت کے حامل ہیں اور ۱۹۷۵ سے برطانیہ کے شہر ہیسٹن میں قیام رکھتے ہیں۔ آج کل آپ ملازمت سے ریٹائرمنٹ کے بعد چند انشورنس کمپنیز کے ایڈوائزر کے طور پر خدمات انجام دے رہے ہیں اور بقیہ وقت میں علمی اور ادبی کام پر توجہ مرکوز کیے ہوئے ہیں۔

تخلیقات

☆ آٹھواں رنگ (افسانے) ۲۰۱۲ء
☆ نوبل امن انعام کے سو سال (نثر) ۲۰۱۱ء
☆ نوبل ادبیات (بیسوی صدی کا نوبل ادب) ۲۰۰۹ء
☆ ای۔ایف۔یو۔ ساگا (اردو میں ادارے کی تاریخ کا ترجمہ) ۲۰۰۷ء
☆ مصنوعی ذہانت (نثر) ۲۰۰۵ء
☆ برقیات (معہ ایجادات کی تاریخ) ۲۰۰۵ء
☆ دامن (شعری کلیات) ۲۰۰۵ء
☆ بہتے پانی کی آواز (شعری مجموعہ) ۲۰۰۴ء
☆ گنگا، جمنا، سرسوتی (منتخب ہندی نظمیں) ۲۰۰۲ء (ہندی)
☆ خلیے کی دنیا (جنیٹک سائنس کی روشنی میں۔ نثر) ۲۰۰۱ء
☆ الفریڈ نوبل (حالاتِ زندگی اور خدمات۔ نثر) ۱۹۹۹ء
☆ موتی موتی رنگ (شعری مجموعہ) ۱۹۹۴ء
☆ مٹھی بھر تارے (شعری مجموعہ) ۱۹۸۹ء
☆ تازہ ہوا (شعری مجموعہ) ۱۹۸۶ء

اعترافِ ہنر

☆ یو بی ایل۔ جنگ، لٹریری ایکسیلینس ایوارڈ ۲۰۱۲ء (نوبل امن انعام سو سالہ خدمات)
☆ قیصر تمکین خدمات برائے اردو ایوارڈ ۲۰۱۲ء (اردو سوسائٹی آف اسکارٹ لینڈ۔ ایڈن برگ یو۔کے)
☆ یو بی ایل۔ جنگ، لٹریری ایکسیلینس ایوارڈ ۲۰۱۰ء (نوبل ادبیات برائے بیسوی صدی)
☆ ٹرانسلیشن ایکسیلینس ایوارڈ۔ ۲۰۱۰ء (سہ ماہی ''اجراء'' کراچی)
☆ بیسٹ اردو بک آف دی ویسٹ۔ ۱۹۹۰ء (برائے تازہ ہوا، از اردو مرکز انٹرنیشنل لاس اینجلس، یو۔ایس۔اے)
☆ ماہنامہ ''طلوعِ افکار'' کراچی، خاص نمبر
☆ ماہنامہ ''پرواز'' لندن، خاص نمبر
☆ قرطاسِ اعزاز (ماہنامہ چہارسو، راولپنڈی)

تحقیق

☆ مقالہ (باقر نقوی شخصیت اور فن) ایم۔اے اردو از عارفہ ریاض کراچی یونیورسٹی ۲۰۰۸ء
☆ مقالہ (باقر نقوی شخصیت اور فن) ایم۔اے اردو از صائمہ اکرم لاہور ایجوکیشنل یونیورسٹی، ۲۰۱۰ء

انٹرنیٹ

(احباب باقر نے ترتیب دیا)

☆ http://en.wikipedia.org/wiki/Baqar Naqvi
☆ http://sbaqarnaqvi.blogspot.co.uk/

''انا کا قصور''

(باقر صاحب کے پہلے اور دوسرے شعری مجموعوں کا آئینہ)

صاعقہ مقبول (اسلام آباد)

○

ترا نور میری نگاہ ہے، ترا علم میرا شعور ہے
میں گناہ گار کبھی ہوا تو مری انا کا قصور ہے

کوئی اہلِ علم ونگاہ ہوتو کتابِ کون ومکاں پڑھے
ترا لفظ لفظ میں عکس ہے، ترا ذکر بینِ السطور ہے

ترا عزم ہو، ترا حسن ہو، ترا اعتبارِ کلام ہو
کبھی دشت جوئے فرات ہے، کبھی چاہ ہے، کبھی طور ہے

ترا شہر اور مرے قدم یہ شرف نہیں ہے تو اور کیا
یہ گناہ گار، یہ بے نوا، یہ حقیر تیرے حضور ہے

...... ☆ ......

(نذرِ غالب)

ہوں رہ نوردِ شوق مگر پا بُریدہ ہوں
میں ہجوِ کائنات بہ طرزِ قصیدہ ہوں

شرمندۂ سلوکِ مسیحا نہ کر مجھے
زخمیِ تیغِ دوست ہوں، مردم گزیدہ ہوں

مٹ کر ہوا جو اور تماشائے روزگار
میں وہ نوشتۂ ورقِ آب دیدہ ہوں

تن سے جدا ہے پھر بھی قلم ہے گرفت میں
گویا کسی شہید کا دستِ بریدہ ہوں

کلماتِ حق رہے ہیں رہینِ زباں مرے
گویا مزاجِ وقت کا وصفِ حمیدہ ہوں

تو عندلیبِ گلشنِ ناآفریدہ تھا
میں عندلیبِ گلشنِ آتش گزیدہ ہوں

○

پھول ہم نے کبھی مانگے، نہ صبا مانگتے ہیں
ہم تو جینے کے لیے تازہ ہوا مانگتے ہیں

تو خدا ہے تو ہماری بھی انا ہے کوئی
حق سمجھتے ہیں جو ہم تجھ سے دعا مانگتے ہیں

ہم نے کب گوہر و مرجاں کے خزانے چاہے
ہم تو بس ایک محبت کی فضا مانگتے ہیں

کوئی حاجت نہیں رکھتے ہیں بجز تابِ کلام
مسندِ طور، نہ جلوہ نہ عصا مانگتے ہیں

کوئی پوچھے جو کبھی گھر تو اسے گھر کہہ لیں
اور ہم ان در و دیوار سے کیا مانگتے ہیں

کتنے بھولے ہیں ترے شہر کے زخمی پیکر
جو مسیحاؤں کے قاتل سے دوا مانگتے ہیں

○

○

زمانہ ہو گیا، موسم بدل گئے ہوں گے
مرے لگائے ہوئے پیڑ پھل گئے ہوں گے

سنا ہے اب کے برس برف گر رہی ہے بہت
تو میرے باغ کے سب پھول جل گئے ہوں گے

چڑھی تھی اب کے ندی گرمیوں کے موسم میں
ضرور برف کے تودے پگھل گئے ہوں گے

وہی ہے کھیل، اداکار بھی وہی سارے
سماں ہے اور تو پردے بدل گئے ہوں گے

بجھے گی پیاس تو کیا آبِ گرم سے باقرؔ
پرندے پیٹ کے موتی اُگل گئے ہوں گے

...... ☆ ......

تمام شہر تو شاملِ نئی سپاہ میں ہے
یہ کس بدن کی مہک ہے جو گردِ راہ میں ہے

بنے ہیں جس کے لیے سارے آہنی زیور
ابھی وہ مرحلہ حسرتِ گناہ میں ہے

خدا سے شام و سحر بھیک مانگنے والے
یہ کیسا مارِ تکبر تری کلاہ میں ہے

گزرتے رہتے ہیں ہر روز آفتاب مگر
وہ اک ستارہ ابھی تک مری نگاہ میں ہے

پہنچ گیا ہے ستاروں میں دوزخی کافر
ہمارا شیخ ابھی اپنی خانقاہ میں ہے

نکل پڑے ہیں سفر پر برادرانِ عزیز
ضرور پھر کوئی یوسف نصیب چاہ میں ہے

○

نہ کوئی حرف، نہ خواہش، نہ حوصلہ ہے مجھے
میں سوچتا ہوں کہ آخر یہ کیا ہوا ہے مجھے

نہ اب اُداس ہیں صبحیں نہ کاٹتی شامیں
نہ کوئی خواب میں آ کر جھنجھوڑتا ہے مجھے

کچھ اور کیجیے تسکینِ خواب کی صورت
فریب کارِ اُجالوں سے واسطہ ہے مجھے

مرے لہو سے جو کرتا تھا آرزوئے حنا
نہ جانے کیوں وہ بری طرح چاہتا ہے مجھے

یہ اب کے بار جو رُک رُک کے آ رہی ہے بہار
ٹھہر ٹھہر کے کوئی زہر دے رہا ہے مجھے

صدا تو ہے کوئی مانوس سی مگر پُر ہول
یہ کون شام کو اکثر پکارتا ہے مجھے

○

تازہ ہوا (۱۹۸۸ء)

○

شہرت نہیں نصیب کہ رتبہ نہیں ملا — اس بے بضاعتی پہ بھی کیا کیا نہیں ملا
آئے اگر نہ دھوپ تو اُگتا نہیں ہے کچھ — کیجیے خدا کا شکر کہ سایہ نہیں ملا
اُس وقت شہرِ قلب کا منظر تھا دیدنی — جس وقت کوئی دیکھنے والا نہیں ملا
اے ریگِ تشنہ کام وہ قطرہ ہیں ہم جسے — بادل کی گود چھوڑ کے دریا نہیں ملا
گھر میں بھرے ہوں لاکھ جواہر تو کیا، اگر — مٹھی بھر اِک فقیر کو آٹا نہیں ملا

...... ☆ ......

یوں بھی کچھ خوب نہ تھا زینتِ صحرا ہونا
فخر کی بات ہے اب شہر میں رُسوا ہونا
وہ مناظر ہیں کہ ہو جاتی ہیں آنکھیں زخمی
اتنا آساں تو نہیں صرفِ تماشا ہونا
بجلیاں کوندتی پھرتی ہوں دماغوں میں تو پھر
سانحہ ہے کہ نہیں خون کا ٹھنڈا ہونا
جو بھی مخلوق ہوئی ہاتھ کے فن سے غافل
اس کا مقسوم ہوا ہاتھ کا چھوٹا ہونا
روح بیمار ہو، جینے کی تمنا بھی نہ ہو
کون اس کرب میں چاہے گا مسیحا ہونا
پھول کم ہوتے ہیں، آتے ہیں زیادہ پتھر
کتنا مخدوش ہے اِس دور میں اونچا ہونا
اہلِ تہذیب کو زیبا نہیں ہرگز باقرؔ
دھوپ کو دیکھ کے ساحل پر برہنہ ہونا

○

پھول کو رنگ کی، خوش بو کی، دعا دی جائے
آؤ اِک بار زمیں پھر سے سجا دی جائے
ابنِ آدم نے محبت کا ہنر سیکھ لیا
یہ خبر سارے فرشتوں کا سنا دی جائے
چاہنے والوں کو خانوں میں جو تقسیم کرے
ایسی شیشے کی بھی دیوار گرا دی جائے
جس کی گرمی سے پگھلنے لگے تنہائی کی برف
ایسی چنگاری کو تائیدِ ہوا دی جائے
جس کے پڑھنے سے کسی طرح قلم ہو بدنام
ایسی تحریر جہاں بھی ہو مٹا دی جائے
نفرتیں ایسے محبت میں بدل دی جائیں
جیسے بدرَو کوئی دریا میں ملا دی جائے
قہر ہو جس کے لیے اُس کے مکینوں کا نفاق
ایسی بستی کو بھلا کیسی دعا دی جائے

○

○

سچ کسی روز کوئی خواب ہمارا نکلے جیب سے چاند تو مٹھی سے ستارا نکلے
لوگ ظلمت ہی پہ ایمان نہ لے آئیں کہیں کوئی خورشید سے کہہ دو کہ خدارا نکلے
ہم دفینے کو زمیں کھودیں تو نکلے پانی وہ جو پانی کا کنواں کھودے تو پارہ نکلے
چاند کے بعد وہ چہرہ نظر آیا جیسے ایک ہی رات میں مہتاب دوبارہ نکلے
آ، چمن میں بھی اُسے ڈھونڈنے چلتے ہیں صبا کسی غنچے ہی سے شاید وہ دل آرا نکلے
یاد یوں آتے ہو، گردابِ غمِ دنیا میں جس طرح بیچ سمندر میں کنارہ نکلے
منحصر آپ کی ہمت پہ ہے سب کچھ باقرؔ سنگ کیا چیز ہے پانی سے شرارہ نکلے

...... ☆ ......

گل برسنے لگے دامن میں دعا سے پہلے
مہرباں ہوگا بھلا کون خدا سے پہلے
آڑی ترچھی سی مقدر کی لکیریں دو چار
کیا تھا ہاتھوں میں ترے رنگِ حنا سے پہلے
رنگ برسانے کو آتے ہو مرے آنگن میں
بادلو! پوچھ تو لو بادِ صبا سے پہلے
چھینتے ہو جو مری عمر، اُسے دے دینا
بس یہی آخری خواہش ہے سزا سے پہلے
ہر گزرتے ہوئے موسم کے نشاں ہیں تن پر
اور بھی ظلم ہوئے ہم پہ ہوا سے پہلے
تیسری آنکھ نے دریافت کیا آٹھواں رنگ
آگے دیکھا ہی نہ تھا رنگِ قبا سے پہلے

○

کھڑکیاں ویران، دروازہ کھلا رہ جائے گا
ہم نہ ہوں گے تو بھلا اس گھر میں کیا رہ جائے گا
گاؤں کے باسی اگر شہروں کو ہجرت کر گئے
کیا اکیلا مور بن میں ناچتا رہ جائے گا
سب ہوا پیما ہوئے تو کیا کریں گی کشتیاں
ڈوبنے کو کیا اکیلا ناخدا رہ جائے گا
پتھروں پر نام جو لکھتے ہیں، اے آتش فشاں
کیا سمجھتے ہیں کہ پتھر کا لکھا رہ جائے گا
سارے ماہی گیر اپنے جال بھر لے جائیں گے
اور زور آور سمندر دیکھتا رہ جائے گا
اِک مسافر ہے، چلا جائے گا وہ جادو سخن
ہاں زباں پر اس سے باتوں کا مزہ رہ جائے گا

○

مٹھی بھر تارے (۱۹۹۱ء)

”زینتِ صحرا“

سلما اوٹیلیا لووویسا لاگیرلوف

باقر نقوی

اعترافِ کمال:

بلند و بالا مثالیت، روشن تصورات اور روحانی قوتِ مدرکہ کی توصیف میں جو اس کی تحریروں کی پہچان ہیں۔

سلما لاگیرلوف کے فن سے نارویائی روایات اور تاریخ کی بھینی بھینی خوشبو آتی ہے۔ اس نے اپنے زمانے کی سکہ رائج الوقت حقیقت پسندی کی تحریک سے رُوگردانی کی اور بہت محبت بھرے انداز میں اپنے مؤقلم سے شمالی سوئیڈن کے کسانوں کی زندگی اور وہاں کے قدرتی مناظر کی کامیاب نقاشی کی ہے۔ اس میدان میں اس کا سب سے بڑا حریف ہائیڈن اسٹام تھا جس کو 1916 میں ادب کا نوبیل انعام دیا گیا۔

سِلما 1858 میں جنوبی سوئیڈن کے شہر Marbacka میں پیدا ہوئی۔ اس کا باپ ایک فارغ شدہ فوجی افسر تھا۔ سِلما کو ابتدائی تعلیم اس کے گھر پر ہی دی گئی۔ وہ اپنے چھوٹے سے خاندانی گھر میں دوسرے بچوں سے الگ پلی بڑھی۔ سِلما نے، جو زیادہ تر اپنی دادی کے پاس رہتی تھی، جنوبی سوئیڈن کے جنگجو لوگوں کے ماحول، برف پر پھسلنے کے مقابلوں اور توہم پرستی کے قصے کہانیاں، روایات، اور سنہرے ماضی کے بارے میں، بہت کچھ سن رکھا تھا۔

سِلما نے 1882 میں اسٹاک ہوم کی Royal Superior Training Academy سے تدریس میں گریجویشن کیا اور اس کے بعد دس برس تک Landskrona میں لڑکیوں کے ایک اسکول میں استاد کی حیثیت سے تعلیم دی۔ اسی دوران اس نے ایک ناول The Story of Gosta Berling لکھنا شروع کیا تھا جس کے ابتدائی ابواب کو ایک ادبی مقابلے میں بھیج دیا۔ اس مقابلے کا انتظام Idun رسالے کی طرف سے کیا گیا تھا۔ خوش قسمتی سے سِلما کو نہ صرف انعام دیا گیا بلکہ مکمل ہو جانے پر پورے ناول کی اشاعت کے لیے پیش کش بھی کی گئی۔

اپنی دوست Baroness Sophie Aldesparre کی مالی معاونت سے سِلما نے اپنا ناول Gosta Berlinds Saga (The Story of Gosta Berling) مکمل کیا جو 1891 میں شائع ہوا۔ ابتدا میں تو ناول کی مانگ کم رہی تھی مگر جب ادبی مبصر جارج برینڈس برگ نے ڈینش زبان میں ناول کے ترجمے کو اپنے مثبت تبصرے میں سراہا تو یہ تصنیف انیسویں صدی کی آخری دہائی میں سویڈش زبان کے رومانی ناولوں کے احیا کا حصہ بن گئی۔ اس ناول پر مبنی ایک فلم بھی بنائی گئی تھی جس میں مشہور اداکارہ گریٹا گاربو نے بھی کام کیا تھا۔

سِلما کی مختصر کہانیوں کے مجموعے Osylinga Lankar (Invisible Links) 1894 کو راتوں رات کامیابی نصیب ہوئی۔ King Oscar کی طرف سے فیلوشپ اور سوئیڈش اکیڈیمی کی جانب سے مالی امداد ملنے کے بعد سے اس نے اپنی پوری توجہ تصنیف و تالیف کی طرف موڑ دی۔ سِلما نے اپنے ایک ہم عصر مصنف سوفی ایلکان Sophie Elkan سے شادی کر لی اور وہ دونوں فالون Falun نامی بستی میں منتقل ہو گئے جہاں دونوں نے اپنی بقیہ ساری زندگی بسر کی۔ سِلما نے اپنے شوہر کے ساتھ اٹلی اور سسلی کا سفر کیا جس کے بعد اس نے سسلی کے بارے میں ایک اشتراکی ناول Antikrists Mirakler 1897 - (The Miracles of Antichrists) تصنیف کیا۔ اپنے مصر اور فلسطین کے سفر سے متاثر ہو کر سِلما نے دو ناول Jarusalem: I Dalarne (1901) اور I Det Heliga Landet (1902) لکھے جن کی بنا پر اس کو سوئیڈش زبان کے سر برآوردہ ناول نویسوں میں مقام ملا۔

بچوں کے لیے لکھی گئی سِلما کی سب سے مقبول کتاب The Wonderful Adventures of Nils تھی جس کا خیال جزوی طور پر رڈیارڈ کپلنگ کی جانوروں کی کہانیوں سے لیا گیا تھا۔ اس کتاب کو سوئیڈن کے پرائمری اسکول بورڈ کی فرمائش پر لکھا گیا تھا تا کہ بچوں کو سوئیڈن کا جغرافیہ پڑھانے میں استعمال کیا جائے۔ یہ دو جلدوں پر مشتمل تصنیف ایک چودہ سالہ لڑکے نِلس Nils کی کہانی ہے جو اپنی خود غرض شرارتوں کی وجہ سے بالشتیا (Elf-sized) بن جاتا ہے اور اپنے ہلکے وزن اور چھوٹے قد کے باعث ایک ہنس کی پشت پر سوار ہو کر ہنسوں کے جھنڈ کے ساتھ ساتھ سارے سوئیڈن میں اڑا پھرتا ہے۔ بلندی پر اڑنے کے دوران نِلس کی زبان سے سِلما اپنے ملک، اس کے باسیوں، ان کے رہن سہن، اس کی جغرافیہ، تاریخ اور روایات کے بارے میں بچوں کے لیے نہایت مفید دل چسپ معلومات فراہم کر دیتی ہے۔ جب نوبیل انعام یافتہ جاپانی ادیب اوئے (Oe) اپنا انعام وصول کرنے اسٹاک ہوم گیا تو اس نے اعتراف کیا کہ سِلما کی یہ کتاب وہ اپنے بچپن میں بارہا پڑھ چکا ہے۔

سِلما اپنی کہانیوں اور ناولوں میں سرابِ خیال کے فن کارانہ استعمال سے خواب اور حقیقت کے درمیان کی سرحدوں کو دھندلا دیتی ہے۔ اس کے ناول Korkarlen (1912) میں اسی تکنیک کے استعمال سے ایک فضا سی جیسی خواب آگیں کیفیت پیدا ہو گئی ہے۔ اس ناول پر مبنی 1921 میں ایک فلم The Phantom Carriage بنائی گئی تھی جس کو اس زمانے تک ڈرامائی مناظر کی

بہترین مثال ہونے کہ وجہ سے سویڈن کی فلموں میں کلاسیک کا درجہ حاصل ہو گیا تھا۔

جنگِ عظیم دوم کے شروع میں سلما نے بہت سے جرمن دانش وروں کو نازیوں کے ظلم سے بچانے کے لیے فرار میں مدد دی تھی۔ اس نے شاعرہ نے لی ساش Nelli Sach کو سویڈن کا ویزا دلوا کر اس کو نازی ڈیتھ کیمپ سے بچالیا تھا۔ جب جنگِ عظیم کے دوران فن لینڈ روس کی جارحیت کے خلاف لڑ رہا تھا سلما لاگیرلوف نے اپنے نوبیل انعام میں ملنے والا سونے کا تمغہ امدادی فنڈ میں دے دیا تھا۔

سلما لاگیرلوف کی اپنی اور اس کے بارے میں اب تک اکتیس کے قریب کتابیں شائع ہو چکی ہیں۔ سلما نے 1940 میں انتقال کیا۔

ضیافت سے خطاب

چند دن قبل میں اسٹاک ہوم جانے والی ریل گاڑی میں بیٹھی ہوئی تھی۔ شام کا وقت تھا۔ میرے ڈبے میں ہلکی ہلکی روشنی تھی جب کہ باہر گھپ اندھیرا تھا۔ میرے ساتھ سفر کرنے والے اپنے اپنے کونوں میں اونگھ رہے تھے۔ میں بالکل خاموش تھی۔ ریل گاڑی کے پہیوں کی گڑگڑاہٹ کی آواز میرے کانوں کے پردے سے ٹکرا رہی تھی۔

اور پھر میں اُن دنوں کو یاد کرنے لگی جب اکثر اسٹاک ہوم آیا کرتی تھی۔ یوں ہی نہیں، کسی کام سے، کسی مشکل کام کے لیے، امتحان دینے کے لیے، یا اپنے تازہ مسودے کے لیے کسی ناشر کی تلاش میں۔ اور آج پھر میں اسٹاک ہوم آ رہی تھی مگر اس بار ادب کا انعام حاصل کرنے کے لیے۔ یہ بھی، میں نے سوچا، میرے لیے ایک مشکل مرحلہ ہوگا۔

اس سال خزاں کا پورا موسم میں نے Varmland میں اپنے پرانے گھر میں مکمل تنہائی میں گزارا تھا، میں نے سوچا، مگر اب مجھے اتنے سارے لوگوں کے مجمعے کے سامنے آنا پڑے گا۔ تنہائی کی عیاشی کے ان دنوں نے مجھ کو زندگی کی گہما گہمی کے معاملے میں ڈرپوک بنا دیا تھا یہی وجہ ہے کہ میں دنیا سے آنکھ ملانے کے خیال ہی سے سراسیمہ ہو رہی تھی۔

تاہم، اپنے اندرون کی گہرائیوں میں اس انعام کو حاصل کرنے پر مجھے عجیب قسم کی مسرت کا احساس ہو رہا تھا، اور میں نے اپنے اندر پیدا ہونے والی بے سکونی کو دور کرنے کے لیے ان احباب کے بارے میں سوچنا شروع کر دیا جن کو میری خوش قسمتی اور اس انعام کے ملنے پر خوشی کا احساس ہوگا۔ ان میں میرے پیارے دوست، میرے بھائی بہن، اور سب سے بڑھ کر میری ضعیف والدہ ہوں گی جو اپنے گھر میں خوش بیٹھی یہ دن دیکھنے کو زندہ ہیں۔

مگر پھر اسی آن مجھے اپنے والد بھی یاد آئے اس دکھ کے ساتھ کہ وہ یہ مسرتوں بھرا دن دیکھنے کو اس دنیا میں موجود نہیں، اور پھر اس بات پر اور بھی افسردہ ہو گئی کہ میں ان کے پاس جا کر بتا بھی نہیں سکتی کہ مجھ کو نوبیل انعام سے نوازا جا رہا ہے۔ میں جانتی ہوں کہ اس خبر کو سن کر ان سے زیادہ خوش ہونے والا کوئی نہ ہوتا۔ میں آج تک کسی ایسے شخص سے نہیں ملی جس کے دل میں تحریر شدہ حرف اور اس کے خالق کے بارے احترام کے ایسے جذبات ہوں گے جتنے کہ میرے والد میں، اور کاش ان کو معلوم ہوتا کہ سویڈش اکادمی نے مجھے اس عظیم اعزاز کے لیے چنا ہے۔ سچ مچ، میں بہت افسردہ تھی کہ میں ان کو یہ خبر نہیں پہنچا سکتی تھی۔

کوئی بھی شخص جس نے کبھی ریل گاڑی میں سفر کیا ہو، اس نے بھی محسوس کیا ہوگا کہ اس وقت جب کہ گاڑی رات کے گہرے اندھیرے میں دوڑ رہی ہو، کبھی کبھی ایسے طویل لمحات بھی آتے ہیں جب گاڑی کے ڈبے نسبتاً کم تھرتھراہٹ کے ساتھ ایک بہاؤ کی صورت میں چلتے چلے جاتے ہیں۔ اچانک ساری سرسراہٹ اور ہلچل غائب ہو جاتی ہے اور پہیوں کی پٹریوں سے رگڑ کی آوازیں ایک سکون بخش اور بے اضطراب موسیقی محسوس ہونے لگتی ہے۔ ایسا محسوس ہونے لگتا ہے گویا گاڑی کے ڈبے ریل کی پٹری پر نہیں بلکہ خلا میں تیر رہے ہوں۔ بس ریل گاڑی میں بیٹھی میں بھی کچھ ایسا ہی میں محسوس کر رہی تھی۔ ساتھ ہی دل میں یہ خواہش بھی ابھر رہی تھی "اے کاش میں کسی بھی طرح اپنے والد سے پھر مل سکتی اور ان کے گلے لگ سکتی۔" ایسی لطیف اور بے آواز تھی اس وقت ریل گاڑی کی حرکت کہ میں خود کو روئے زمین پر موجود تصور کرنے میں مشکل محسوس کر رہی تھی۔ اور پھر میں نے عالمِ ہوش ہی میں خواب دیکھنا شروع کر دیا۔ تصور شرط ہے! گویا میں اپنے والد سے ملنے جنت میں جا رہی ہوں۔ میں نے لوگوں سے اس قسم کے تجربات سنے ہیں تو میں خود کیوں ایسا تجربہ نہیں کر سکتی۔ ریل گاڑی خلا میں تیرتی رہی، اس کو بہت دور تک جانا تھا مگر اس کے باوجود میرے خیالات کی رَو اس سے آگے آگے دوڑ رہی تھی۔ میری چشمِ تصور نے دیکھنا شروع کیا۔ ابّو یقیناً جھولنے والی کرسی پر دراز برآمدے میں بیٹھے ہوں گے اور ان کے سامنے چھٹکی ہوئی نرم نرم سنہری دھوپ، چہچہاتے ہوئے پرندوں اور ہوا میں لہراتے خوش نما پھولوں سے بھرا باغیچہ ہوگا۔

ابو کی نظریں بلاشبہ Fritjofs Saga پر مرکوز ہوں گی مگر مجھ کو دیکھتے ہی وہ کتاب کو پرے رکھ کر عینک کو ماتھے پر ٹکا کر والہانہ انداز میں کرسی سے اُٹھیں گے اور میری طرف بڑھیں گے۔ اور کہیں گے "صبح بخیر میری پیاری بیٹی، تجھے اچانک دیکھ کر میں بے انتہا خوش ہوں" یا "ارے سلما! تم یہاں کیسے؟ کیسی ہے میری پیاری بیٹی!" بالکل اُسی طرح جیسے وہ مجھ سے ملتے وقت کہا کرتے تھے۔

پھر وہ آرام کرسی پر بیٹھ جائیں گے اور غور سے سوچیں گے کہ بھلا ان سے ملنے میں یہاں کیوں آ گئی۔ پھر ایک دم وہ مجھ سے مخاطب ہو کر پوچھیں گے، "کیا بات ہے، خیریت تو ہے نا؟" میں جواب میں کہوں گی، "نہیں ابو، سب کچھ ٹھیک ہے۔" پھر جوں ہی میں ان کو اچھی خبر سنانا چاہوں گی تو اچانک رُک کر کچھ دیر کے لیے تامّل کروں گی اور ان کو براہِ راست خبر سنانے کی بجائے

کچھ اس طرح کہوں گی، ''ابّو میں آپ سے ایک مشورہ کرنے آئی ہوں، اس لیے کہ اس وقت میں بہت بڑے قرض کے بوجھ تلے دبی ہوئی ہوں۔'' اگرچہ، مجھے معلوم ہے کہ اس معاملے میں آپ میری کچھ مدد نہیں کرسکیں گے۔'' ابّو جواب دیں گے ''بھئی! کوئی اِس جگہ کے بارے میں کچھ بھی کہے مگر اپنے گاؤں Varmland ہی کی طرح یہاں سب کچھ ہے سوائے دولت کے۔''

''اوہ! مگر ابّو! مجھ پر دولت کے قرض کا بوجھ نہیں، یہ قرض تو اس سے بھی بُرا ہے۔'' ابّو کہیں گے، ''بیٹی! ذرا پھر سے تو کہو۔''

''آپ سے مدد مانگنا کچھ ایسی زیادتی بھی نہیں ابّو اس لیے کہ ابتدا ہی سے یہ سب بالکل آپ ہی کی غلطی ہے، آپ کو یاد ہے کہ نہیں؟ کس طرح آپ پیانو بجا بجا کر بچوں کو Bellman کے گیت سنایا کرتے تھے، اور کس طرح، جاڑے کے ہر موسم میں کم از کم دو بار، آپ ہم لوگوں کو Tegner, Runeberg اور Anderson پڑھنے پر اُکسایا کرتے تھے۔ یہی وہ وقت تھا جب سب سے پہلے میں نے اپنے آپ کو مقروض محسوس کیا تھا۔ بھلا کس طرح میں اتنی محبت بھری کہانیوں، جیالوں کی داستانوں، اپنے وطن کی اور ساری انسانی زندگی کی بے چارگی کی، اور وقار کے قصے سنانے کا اجرادا کرسکوں گی؟ کیا میں کبھی یہ قرض اُتار بھی سکوں گی؟''

ابّو اپنی جھولنے والی کرسی میں سیدھے ہو کر بیٹھ جائیں گے۔ ان کی آنکھوں میں ایک چمک سی آجائے گی اور وہ کہیں گے ''میں خوش ہوں کہ تم پر یہ قرض چڑھا ہوا ہے۔'' میں کہوں گی، ''جی ہاں ابّو! آپ شاید ٹھیک کہہ رہے ہیں مگر یاد کیجیے بس اتنا ہی نہیں ہے، ابّو! ذرا سوچیے تو، میرے کتنے قرض خواہ ہیں۔ کیا آپ کو یاد نہیں کہ آپ کے شباب کے دور میں کتنے غریب، خانہ بدوش لوگ Varmland آتے جاتے رہتے تھے، وہ طرح طرح کے گیت سنا کر، ہنسا ہنسا کر دل بہلایا کرتے تھے۔ ہاں مگر، میں ان کی شرارتوں اور بدمعاشیوں کے لیے ان کی ان کی قرض دار نہیں۔ اور وہ بزرگ مرد اور عورتیں جو اپنے چھوٹے چھوٹے خاکستری مکانوں کے سائبانوں میں بیٹھے ہوتے، اور کوئی جنگل سے واپس آکر مجھے گنگناتے جھرنوں، ٹھنکتی ہوئی آواز میں گانے اور ریجھا کر پہاڑوں میں بلائی جانے والی کنواریوں کے حیرت بھرے قصے سناتا۔ یہ تھے وہ لوگ جنھوں نے مجھے سکھایا کہ سیاہ جنگلوں میں، سنگلاخ چٹانوں میں بھی شاعری ہوتی ہے۔ اور ذرا یاد کیجیے ابّو جان! ان زرد، ستے ہوئے چہروں، دھنسے ہوئے گالوں والے راہبوں کو، سیاہ قباؤں میں ملبوس اندھیری خانقاہوں کی کنواری راہباؤں کو، ان نظاروں اور آوازوں کو جو انھوں نے سنی ہوں گی۔ میں نے ان سب سے ان کی روایات ادھار لے لی ہیں۔ اور ہمارے اپنے کسان جنھوں نے یروشلم کے سفر کیے، کیا میں ان کی ان ایسی شان دار کارگزاریوں کی مقروض نہیں جنھوں نے مجھے لکھنے کے لیے کیا کچھ نہیں فراہم کیا۔ اور میں صرف ان لوگوں ہی کی مقروض نہیں، سارے جہانِ فطرت کی بھی مقروض ہوں۔ وہ تمام جانور جو زمین پر چلتے پھرتے ہیں، وہ تمام پرندے جو فضاؤں میں تیرتے نظر آتے ہیں، وہ تمام ہرے بھرے پیڑ، وہ پودے اور رنگ برنگے پھول، ان سب نے مجھے اپنے راز سے آشنا کیا ہے۔''

والد مسکرائیں گے، اور بغیر کسی تردّد کے اپنے سر کو اثبات میں ہلائیں گے۔ اور میں ذرا زیادہ سنجیدہ نظر آتے ہوئے کہوں گی، ''مگر ابّو! کیا آپ کو احساس نہیں کہ میں کتنے بڑے قرض کے بوجھ تلے دبی ہوئی ہوں؟ کم از کم اس روئے زمین پر تو کسی کو پتا نہیں کہ یہ قرض کس طرح اُترے گا، میرا خیال تھا کہ شاید جنّت میں تو آپ کو اس بات کا کچھ علم ہوگا۔'' ابّو کہیں گے، ''ہم جانتے ہیں'' اور پھر اسی طرح بے پروا اور پُرسکون ہو جائیں گے جس طرح وہ عموماً ہو جایا کرتے تھے اور کہیں گے، ''نہیں بیٹی، تمھاری مشکلوں کا ایک علاج ہے۔''

میں کہوں گی، ''جی ہاں ابّو جان! بس مشکل صرف اتنی ہی نہیں، میں ان لوگوں کی بھی مقروض ہوں جنھوں نے ہماری زبان ترتیب دی ہے، اس کو حسین وسیلہ بنایا ہے اور مجھ کو اسے استعمال کرنے کا گر بھی سکھایا ہے۔ اور کیا میں ان لوگوں کی مقروض نہیں جنھوں نے میرے عہد سے پہلے بھی نثر اور نظم لکھی، جنھوں نے تحریر کو فن کا درجہ دیا ہے؟ کیا میں ان تمام مشعل برداروں، ان راہیں ڈھونڈنے والوں کی، اور ان عظیم ناروایئوں، ان عظیم روسیوں کی بھی میں مقروض نہیں جو اس وقت لکھ رہے تھے جب میں پالنے میں اپنا انگوٹھا چوس رہی ہوتی تھی؟ کیا مجھ کو ایسے دور میں زندہ رہنے کی نعمت عطا نہیں ہوئی جب میرے اپنے وطن کا ادب ایسے بلند ترین مقام پر پہنچ چکا ہے کہ میں Rybberg کے بنائے ہوئے مرمریں سلطانوں سے عشق کرسکتی ہوں؟ Snoilsky کی شاعری، Strindberg کی چوٹیوں، Geijerstam کی لوک کہانیوں، Anne-Charlotte Edgren کے جدید آدمیوں، اور ErnstAhlgren, Heidenstam's Orient وغیرہ اور بہت کچھ جس میں جوانیاں تھیں، نیا پن تھا، وہ سب کچھ تھا جس نے میرے سراب خیال کو سیراب کیا، مجھ کو مقابلے پر اُکسایا اور میرے خوابوں کو تعبیریں دیں، کیا میں ان کی قرض دار نہیں؟''

ابّو کہیں گے، ''ہاں، ہاں، بیٹا، تم بالکل صحیح کہہ رہی ہو میری جان، تم پر بہت بڑا قرض ہے مگر ڈرنا نہیں، ہم کوئی نہ کوئی راستہ ضرور ڈھونڈ نکالیں گے۔''

میں کہوں گی، ''میں نہیں سمجھتی ابّو! کہ آپ کو حالات کی سنگینی کا صحیح اندازہ ہے، آپ شاید بھول رہے ہیں کہ میں اپنے تمام پڑھنے والوں کی بھی مقروض ہوں۔ بوڑھے بادشاہ اور اس کے سب سے چھوٹے بیٹے کی بھی جس نے مجھ کو تربیت کے لیے جنوب کے سفر پر بھیج دیا تھا، ان چھوٹے چھوٹے اسکول کے بچوں میں جنھوں نے Nils Holgersson کو شکریے کا خط لکھا تھا۔ اور میرا کیا بنتا اگر کوئی بھی میری کتابیں نہ پڑھنا چاہتا۔ اور ان سب کو کیسے بھلا دوں جنھوں نے میرے بارے میں کچھ بھی لکھا ہے۔ آپ کو وہ مشہور ڈینش مبصر یاد ہے نا، جس کے صرف چند لفظوں نے پورے ڈنمارک میں میرے چاہنے

والے پیدا کردیے تھے۔ اور وہ بھی جو اَمرِت اور تخی کو ایسی فن کاری سے متھ کریک جان کرنے کا فن جانتا تھا، جیسا پورے سویڈن میں آج تک کوئی نہیں کرسکا، افسوس کہ اس کا انتقال ہو چکا ہے۔ ان سب کے بارے میں جو غیر ممالک میں رہتے ہیں اور جنھوں نے میرے لیے کام کیا ہے، ان کے لیے تشکّر بھی مجھ پر واجب ہے ابّو! میری تعریف کے لیے بھی اور تادیب کے لیے بھی۔"

"ہاں، ہاں!" کہتے ہوئے میں ابّو کے چہرے پر تذبذب کی پرچھائیاں دیکھوں گی۔ یقیناً وہ سمجھ جائیں گے کہ میری مدد کرنا کچھ اتنا آسان نہیں۔

میں کہوں گی، "یاد ہیں نا آپ کو ابّو! وہ سب جنھوں نے میری مدد کی تھی۔" میں کہوں گی، "یاد آیا آپ کو میرا مخلص دوست Esselde جس نے میرے لیے اس وقت کامیابی کے دروازے کھولنے چاہے تھے جب کسی کو مجھ پر یقین کرنے کی بھی ہمّت نہیں ہو رہی تھی۔ ان سب کو یاد کیجیے جنھوں نے میرا بہت خیال رکھا اور میرے کام کی، میری تحریر کی حفاظت کی تھی۔ یاد کیجیے میرے اس ہم سفر دوست کو جس نے نہ صرف مجھے جنوب کی سیر کرائی، مجھے فن کی عظمتوں سے روشناس کرایا بلکہ میری زندگی کو لطیف اور مسرت انگیز بنایا تھا۔ ساری محبتیں جو مجھ کو ملیں، سارے اعزازات، سارے امتیازات، کیا آپ اب سمجھ گئے کہ میں آپ سے یہ کیوں پوچھنے آئی ہوں کہ اتنے سارے قرض کس طرح ادا ہوں؟"

میں دیکھ رہی ہوں کہ ابّو نے اپنا سر جھکا لیا ہے اور وہ کچھ زیادہ مطمئن نہیں دکھائی دیتے۔

ابّو کہیں گے، "میں تم سے اتفاق کرتا ہوں بیٹی، تمھاری مدد کرنا اتنا آسان نہیں ہوگا، مگر یقیناً اس کے علاوہ تم اور کسی کی قرض دار نہیں ہوگی۔"

میں کہوں گی، "جی ابّو! میرے لیے اتنا قرض ہی بہت مشکل تھا مگر میرے لیے سب سے بڑا قرض تو زیرِ بحث ابھی آیا ہی نہیں۔ اسی وجہ سے تو میں آپ کے پاس مشورے کے لیے آئی ہوں۔" ابّو کہیں گے، "میری سمجھ میں نہیں آتا کہ اس سے زیادہ قرض اور کیا ہوگا۔" میں جواب میں کہوں گی، "ہاں!" اور اس کے بعد میں انھیں اس انعام کے بارے میں سب کچھ بتادوں گی۔

ابّو کہیں گے، "مجھے اکادمی کے بارے میں یقین نہیں آرہا ہے۔" اس کے بعد میری طرف دیکھتے ہوئے میرے چہرے پر نگاہ ڈالیں گے، اور پھر ان کو معلوم ہو جائے گا کہ یہ سب کچھ بالکل سچ ہے۔ اور پھر ان کے چہرے کی ہر سلوٹ تھرتھرائے گی اور ان کی آنکھوں میں آنسو تیرنے لگیں گے۔

میں کہوں گی، "ابّو! میری سمجھ میں نہیں آتا کہ میں ان لوگوں سے کیا کہوں جنھوں نے انعام کے لیے میرا نام تجویز کیا، اور ان لوگوں سے جنھوں نے فیصلہ کیا، ابّو جان! یہ سب صرف اعزاز اور دولت ہی نہیں جو مجھ کو عطا کر رہے ہیں، یہ فیصلہ کرتے ہوئے انھوں نے واضح کر دیا ہے کہ انھیں مجھ پر اتنا ہی اعتماد ہے کہ وہ ساری دنیا میں سے مجھ ہی کو چن رہے ہیں۔ میں بھلا یہ قرض کس طرح چکا سکوں گی؟"

ابّو کم سم کچھ دقیقے بیٹھے رہیں گے۔ ان کے لبوں پر کوئی لفظ بھی آنہ پائے گا۔ پھر اپنی آنکھوں سے خوشی کے آنسو پونچھتے ہوئے اپنی کرسی کے ہتھے پر زور سے ہاتھ مار کر کہیں گے، "میں ایسے مسائل پر اپنا دماغ کیوں کھپاؤں جن کے حل نہ اہلِ جنت کے نہ اہلِ دنیا کے پاس ہوں۔ میں بے انتہا خوش ہوں کہ تم کو نوبیل انعام دیا گیا ہے، بس!"

صاحبانِ جاہ وجلال، عزت مآب، خواتین و حضرات! اپنے سارے سوالات کا اس سے بہتر جواب نہ پاکر، میرے پاس سوائے اس اعزاز کے اور کیا رہ گیا ہے کہ آپ سب سے سوئیڈش اکادمی کے لیے ایک جام تجویز کرنے کی استدعا کروں۔

(تاریخ نے تو سِلما اوٹیلیا لوویسالا گیرلوف کی اِس تقریر کے باب میں اس کے بعد اور کچھ نہیں لکھا مگر راقم اپنے چشمِ تصور سے تالیوں کی گونج اور تبسم کے درمیان حاضرین کی آنکھوں میں تیرتے ہوئے آنسو ضرور دیکھ رہا ہے۔ ب۔ن)

"منفرد کتاب"

اپنی نوعیت کی یہ منفرد کتاب برطانیہ میں مقیم اردو کے نامور شاعر جناب باقر نقوی نے تصنیف فرمائی ہے۔ اب تک اُن کے چار شعری مجموعے قارئین ادب کی داد و تحسین سمیٹ چکے ہیں۔ یہ بات بڑی خوش آئند ہے کہ شاعری کی تخلیق کے ساتھ ساتھ اُنھوں نے سائنس کی تفہیم سے بھی گہرا قلبی لگاؤ برقرار رکھا ہے۔ اُن کی کتاب "الفریڈ نوبیل" اُردو میں اپنے موضوع پر پہلی کتاب ہے۔ اب انھوں نے ہمیں الیکٹرانکس (برقیات) کی دُنیاؤں کی سیر کرانے کی ٹھانی ہے۔ زیرِ نظر کتاب کی تیاری کے دوران انھوں نے شعوری طور پر اس بات کو ملحوظِ خاطر رکھا ہے کہ عام قارئین بھی اس کتاب سے آسانی کے ساتھ استفادہ کرسکیں۔

میری رائے میں باقر نقوی صاحب اس کوشش میں کامیاب رہے ہیں۔ ہم اُن کے احسان مند ہیں کہ انھوں نے اپنی اس گراں قدر تصنیف کی اشاعت کی سعادت مقتدرہ قومی زبان کو بخشی ہے۔ مجھے یقین ہے کہ یہ منفرد کتاب ہمارے ہاں سائنسی علوم کے ساتھ سرسری سے شغف کو گہرا اور تخلیقی شغف بنانے میں مؤثر اور فعال کردار سرانجام دے گی۔

پروفیسر فتح محمد ملک

براہِ راست

چند ناپختہ اذہان میں خدا جانے یہ تاثر کب اور کس طور گھر کر گیا کہ اردو شعر و ادب فارغ البال اور غیر سنجیدہ افراد کے وقت گزاری یا دل بہلاوے کا شغل ہے۔ ہم اس نابالغانہ رائے پر تبصرہ مناسب خیال نہیں کرتے البتہ! یہ یاددہانی کرانا اپنا فرض سمجھتے ہیں کہ شاعری نہ صرف پیغمبروں بلکہ اولیاء اللہ کا وصفِ خاص رہا ہے۔ دنیا کے بیشتر علوم و فنون اسی صنفِ لطیف کی اہم شاخیں گردانی جاتی ہیں۔

زیرِ نظر اشاعت سائنسی نکتہ نگاہ کے حامل ایک ایسے شاعر، ادیب اور مترجم سے منسوب ہے جن کی مساعی قرآنِ حکیم کی روشنی میں اپنی کھوئی ہوئی میراث کی تلاش ہے۔ اس تلاش میں **باقر نقوی** صاحب کس حد تک کامیاب و کامران ٹھہرے ہیں اور اُن کی تخلیقات کس معیار کو چھو رہی ہیں، فیصلہ آپ کیجیے اور مستقبل سے خوش اُمیدی وابستہ رکھیے کہ اس خاکستر میں ابھی ایسی بے شمار چنگاریاں موجود ہیں جو ذرا سی محنت اور توجہ سے تابناک شعلوں کا روپ دھار سکتی ہیں!!!

گلزار جاوید

☆ اگر آپ ماضی کے اوراق پلٹنا چاہیں تو کون سے ابواب اوّلیت چاہیں گے؟

☆☆ میں ماضی پر نہیں، مستقبل پر نگاہیں جمانے کا قائل ہوں۔ اگر حال کے مقابلے میں ماضی شاندار رہا ہو تو دُکھ ہوتا ہے۔ اگر حال بہتر ہو تو ماضی پر صرف نظر ڈال کر شکر کرتے رہنا چاہیے۔

☆ مولوی احسان کے سامنے پڑھتے ہوئے اپنے نام کے ساتھ مرحوم کا لاحقہ کس جذبے کے تحت لگایا کرتے تھے؟

☆☆ وہ محض بچپنا تھا۔ اس وقت میری عمر چھ سات برس کی رہی ہوگی۔ چوں کہ یہ لفظ بزرگوں کے نام کے سامنے لگا نظر آیا کرتا تھا، تو شاید اس خیال سے کہ ہم بھی جلد بزرگ ہو جائیں گے، میں نے ایک دن تختی لکھتے وقت یوں ہی اپنے نام میں مرحوم کا اضافہ کر لیا تھا۔ مجھے اس وقت اس لفظ کے معنی بھی معلوم نہیں تھے۔

☆ حیدر حسین صاحب سے کلام انیس و دبیر کس جذبے اور سوچ کے تحت سنا کرتے تھے اور اُس کے بعد آپ پر گزرتی کیا تھی؟

☆☆ حیدر حسین صاحب بہت خوش الحان سوز خواں تھے۔ مجالس میں سوز خوانی کے دوران ان کی آواز، اور انیس کے کلام کی شعری کیفیت مجھے مسحور کر دیا کرتی تھی۔ آج بھی، کبھی کبھی، ان کی آواز اور ان کا لحن میرے کانوں میں گونج جاتا ہے۔ انیس کے انتخابِ کلام سے بحور، الفاظ کی نشست و برخاست کا علم ہوتا تھا۔ کیفیت میں ڈوبے ہوئے اشعار غم زدہ کر دیا کرتے تھے۔ ایک بیت کی اصل کیفیت۔

”گھر سے جب، بحرِ سفر، سیدِ عالم نکلے
سر جھکائے ہوئے با دیدۂ پُر نم نکلے“

کا اس وقت پورا احساس ہوا تھا جب ہمارا خاندان خود ہجرت کے لیے گھر سے نکل پڑا تھا اور کئی دن، کئی ریلوے اسٹیشنوں پر بنجاروں کی طرح پڑا رہا تھا۔ عجیب کیفیت کے دن تھے، وہ بھی!

☆ کچھ تفصیل ہندوستان سے پاکستان ہجرت کی بتلایئے خاص کر اپنے احساسات و جذبات کے حوالے سے؟

☆☆ چوں کہ ابتدائی دنوں سے ہی پاکستان کے لفظ سے یک گونہ محبت سی ہو گئی تھی، اور ہم یہ سوچا کرتے تھے کہ شاید یہ دل کی تمنا دل ہی میں رہ جائے گی؛ کہ پاکستان بنے گا بھی یا نہیں۔ مگر ایک دن جب اسکول میں مٹھائی تقسیم ہوئی کہ ”بھارت ورش سوتنتر“ ہو گیا ہے، تو ہمیں یہ علم نہیں تھا کہ پاکستان بھی بن گیا ہے۔ مگر شام کو گھر پر بڑوں کو بات کرتے سنا کہ ایک دن قبل پاکستان بن گیا ہے۔ یہ سن کر جو مسرت ہوئی تھی اس کو بیان نہیں کر سکتا۔ میں خوش تھا کہ پاکستان بن گیا ہے۔ اور ہو سکتا ہے کہ ہمارے والدین وہاں منتقل ہونے کا فیصلہ کر لیں۔

الہ آباد شہر میں پاکستانی پنجاب سے ہجرت کر کے آنے والے سکھ مسلمانوں کے خلاف جذبات بھڑکانے کے لیے گرو نانک کی گدّی کا جلوس اٹھاتے اور مار کاٹ کرتے تھے۔ ہمارے کئی جاننے والے مارے گئے تھے۔ تین برس اس اذیّت میں گزرے۔ پھر ہمارے والدین نے ہجرت کا ارادہ کر لیا۔ ہماری نظریں جان بچانے اور ایک بہتر مستقبل کی متلاشی تھیں۔ بالخصوص اس لیے اور بھی کہ اس وقت ہندوستان میں خوف محسوس ہونے لگا تھا۔ زمیں داری پر رعایا کی نظریں بدلی بدلی سی تھیں۔ گاؤں کی پنچائت نے ہماری رعایا (چماروں) کو ہماری خواتین کی ڈولی اٹھانے کی ممانعت کر دی تھی۔ ہماری زمیں داری شہر سے صرف چھ میل دور گنگا کے اس پار تھی جہاں مرد گھوڑے پر اور خواتین ڈولی میں جاتی تھیں اس لیے کہ راستے میں تین میل تک کچھار پڑتا تھا، اور وہاں سواری کا کوئی دوسرا انتظام نہیں تھا۔ ہم لوگ شہر میں رہتے تھے مگر اسکول کی تعطیل کے دوران گاؤں چلے جاتے تھے۔ اور اب گاؤں جانا ممکن نہیں رہ گیا تھا۔ ہم کیسے بچے اور کیسے پاکستان پہنچے اس کے لیے پوری کتاب درکار ہوگی۔ ہاں اتنا

ضرور کہوں گا کہ جب ہم بحر سفر نکلے تب مجھے میر انیس کے مصرعوں کی کیفیت کا بہتر اندازہ ہوا تھا۔

☆ تقسیم ہند ۱۹۴۷ء میں ہوئی مہاجرین کی آمد کا سلسلہ ۱۹۵۴ء تک جاری رہا۔ بعض حضرات تاخیر سے آنے والوں پر طرح طرح کے الزامات لگایا کرتے ہیں جن میں مالی منفعت نمایاں ہے؟

☆☆ میں اس سلسلے میں کیا کہہ سکتا ہوں۔ ہر زمانے میں ہر طرح کے لوگ ہوا کرتے ہیں۔ اتنا ضرور کہنا چاہوں گا کہ کیا ہمارے ملک کے لوگ سب بہت ایمان دار ہیں؟ بالخصوص اشرافیہ سے متعلق لوگ تو اس سے کئی ہزار گنا زیادہ بدعنوان ہیں۔ ایسے بدعنوان اور بدکردار لوگوں کے منہ سے اس قسم کی باتیں کرنا مضحکہ خیز ہے کہ نہیں؟ کم از کم میرے جاننے والوں میں تو مجھے ایسا کوئی نہیں ملا جس نے جھوٹا کلیم کیا ہو۔

☆ نویں جماعت کے طالب علم کو ستر روپے ماہوار نوکری ملنے کے بعد پہلی تنخواہ کے موقع پر خطیر رقم (اُس زمانے کے لحاظ سے) ہاتھ میں آنے کے بعد کیا احساسات تھے؟

☆☆ پاکستان ہجرت کرنے کے دو برس کے اندر ہی ہندوستان سے، ساتھ لایا ہوا سرمایہ ختم ہو گیا تھا اور کسی آمدنی کی توقع نہیں رہی تھی تو، سب سے بڑے بیٹے ہونے کے باعث مجھے کچھ نہ کچھ تو کرنا تھا۔ روایتی تعلیم جاری رکھنے کے لیے بھی سرمایہ نہیں تھا۔ والد کو گلے کا سرطان ہو گیا تھا۔ ان کا علاج بھی لشٹم پشٹم چل رہا تھا۔ اس زمانے میں سرکاری ملازمت میں لوئر ڈویژن کلرک کو ایک سو دس روپے ماہانہ تنخواہ ملتی تھی۔ اور آپ جانتے ہیں کہ نجی شعبے کے مقابلے میں سرکاری ملازمت میں تنخواہ بس واجبی ہی ہوا کرتی تھی۔ رشوت حرام اور اس کا لینے والا جہنمی تھا۔ ہمیں احساس ہوا تھا کہ چلو کچھ تو ذریعۂ آمدنی پیدا ہوا۔ اور جستجو تھی کہ اس کو اور کس طرح بہتر بنایا جائے۔ لہٰذا میں نے کل وقتی ملازمت کے ساتھ دو عدد جز وقتی ملازمتیں بھی کی تھیں۔ پنجاب یونی ورسٹی سے پرائیویٹ میٹرک کے بعد ایک بہتر ملازمت مل گئی جس میں تنخواہ ایک سو دس روپے تھی۔ پھر پانچ برس بعد جو ملازمت ملی اس میں تنخواہ ایک سو چھہتر روپے ہو گئی تھی۔ ساتھ ہی جز وقتی ملازمت جاری تھی۔ اس طرح حالات میں بہتری آتی گئی۔ بس یہ افسوس تھا کہ اس جدوجہد کے دوران والد کا انتقال ہو گیا تھا۔

میری والدہ نے ہمیں صحیح راستے پر لگائے رکھا، بھٹکنے نہیں دیا۔ مجھے اچھی طرح یاد ہے کہ ہندوستان میں ہی وہ میرے والد سے بحث کیا کرتی تھیں کہ میں اپنی اولاد کو تعلیم حاصل کرنے ولایت (انگلستان) بھیجوں گی۔ اور خدا کے فضل سے، باوجود ہجرت، عسرت اور مشکلات کے وہی ہوا جو وہ چاہتی تھیں۔ وہ خود بھی بیس برس انگلستان میں میرے ساتھ رہیں، اور انھوں نے اپنی آنکھوں سے اپنی پہلی نسل کو سوئٹزر لینڈ میں اور دوسری نسل کو بھی کیمبرج میں پڑھتے دیکھ لیا تھا۔ اسی وجہ سے میں نے ایک شعر لکھا تھا؛

مشعلِ جاں لے کے مجھ کو راہ دکھلاتی رہی
اور مائیں ہوں گی سایہ، میری ماں ہے روشنی

میں نے ان کے انتقال پر ایک نوحہ بھی لکھا تھا جو شاید میری کتاب ''موتی موتی رنگ'' میں ''بیٹے کا نوحہ'' کے عنوان سے شائع ہوئی ہے۔

☆ A.E.C.L کس چیز کا مخفف ہے نیز یہ کہ آپ نے یہ ڈپلومہ اپنی مرضی سے کیا یا حالات کے زیرِ اثر آپ کو ایسا کرنا پڑا۔

☆☆ یہ مخفف دراصل ACII ہے۔ لندن میں قائم چارٹرڈ انشورنس انسٹی ٹیوٹ کے Chartered Insurance Institute, Associateship کا، جو انشورنس کی اعلیٰ تعلیم میں عام زبان میں گریجویشن کا مرحلہ تھا۔ اسکی تعلیم میں پرائیویٹ طلبا کی طرح کتابیں پڑھ کر امتحان دیا جاتا تھا جس کے پرچے مہر شدہ ڈاک سے لندن سے آتے تھے، اور ان کے حل بھی لندن ہی بھیجے جاتے تھے۔ اس زمانے میں نقل اور جعل سازی کا تصور بھی نہیں کیا جاسکتا تھا۔ میں نے تعلیم کا یہ راستہ اس لیے اپنایا تھا کہ ملازمت بھی ضروری تھی، اور تعلیم بھی۔ کالج یا یونی ورسٹی کی تعلیم کے مقابلے میں اس میں فائدہ یہ تھا کہ جوں جوں پرچے ہوتے جاتے تھے، ہر پرچے میں کامیابی سے تنخواہ فوری طور پر بڑھ جایا کرتی تھی۔ تین تین پرچوں کے حصے ہوتے تھے، اور سال میں ایک بار اپریل کے مہینے میں امتحان ہوا کرتے تھے۔ میں نے، پہلی ہی کوشش میں پہلا مرحلہ عبور کر لیا تو سالانہ اضافے کے علاوہ امتحان میں کامیابی کا بھی ماہانہ اضافہ ہو گیا۔ جس سے آمدنی معقول ہو گئی تھی۔ ای ایف یو لائف میں آنے کے بعد بھی، جب میں جنرل منیجر تھا، میں نے ISO-9000 کے قوانین کو اپنی کمپنی میں رائج کیا، اور اسی دوران میں نے ایک فرانسیسی ادارے سے ISO-9000 کے Lead Auditor کا امتحان بھی پاس کیا تھا۔

☆ یہ ہی سوال انشورنس کے شعبہ کی مناسبت سے کیا جائے تو آپ کا جواب کیا ہوگا؟

☆☆ : انگریزی کا محارہ ہے beggers can't be choosers۔ جو ملازمت پہلے مل گئی اسی کو ثابت قدمی سے اختیار کیا، اور اقبال کی نصیحت

پیوستہ رہ شجر سے امید، بہار رکھ

پر عمل کیا۔ خدا کا شکر ہے کہ اسی پیشے میں، جس میں ایک جونیئر کلرک بھرتی ہوا تھا، Chief Executive کے عہدے تک پہنچ کر ریٹائر ہوا۔ شکریہ علامہ صاحب آپ کی نصیحت کا!

☆ کچھ تفصیل ڈھاکہ کے روز و شب بالخصوص محمد پور میں گذرے تین روز کی بتلائیے؟

☆☆ ڈھاکہ جانے سے قبل نومبر ۱۹۶۴ء سے مارچ ۱۹۶۵ء تک میں سوئٹزر لینڈ کے شہر زیورخ میں انشورنس کی تعلیم و تربیت کے لیے مقیم رہا تھا۔ یہ میرا

یورپ کا پہلا سفر تھا۔ سوئٹزر لینڈ نہایت خوب صورت ملک اور زیورخ نہایت خوب صورت شہر تھا۔ وہاں سے واپسی کے تین ماہ بعد ہی مجھے ڈھاکہ کا سفر درپیش تھا، جو ۱۹۶۵ء کی پاک بھارت جنگ کہ وجہ سے ہوا تھا۔ ڈھاکہ کا زیورخ سے موازنہ نہیں کیا جاسکتا تھا مگر ڈھاکہ کا پانچ ماہ کا قیام میرے لیے واقعی بہت لطف انگیز تھا۔ بعد میں ایک بار پھر (۱۹۷۰ء میں) ملازمت کے سلسلے میں میرا ڈھاکہ تبادلہ ہوا تھا۔ مگر اس بار حالات بہت خراب تھے۔ محمد پور میں، نور جہاں اسٹریٹ پر ہم نے کرائے پر مکان لیا تھا۔ شادی ہو چکی تھی۔ جس جہاز سے بھٹو صاحب مجیب الرحمان صاحب سے مذاکرات کے لیے ڈھاکہ گئے تھے، اس پر میری بیوی بھی سوار تھیں۔ ابھی مشکل سے مہینہ ہی گزرا تھا کہ وہ واقعہ ہوا جس میں بھٹو نے ڈھاکہ جانے والے ممبرانِ اسمبلی کی ٹانگیں تڑوا دینے کی دھمکی دی تھی، جس کے ردِ عمل میں ڈھاکہ میں فسادات پھوٹ پڑے تھے۔ اتفاق سے میں اسی جگہ پر موجود تھا جہاں سے فساد کی ابتدا ہوئی تھی۔ اس دن ڈھاکہ اسٹیڈیم میں کرکٹ ٹیسٹ میچ ہو رہا تھا، اور میں وہاں گیا ہوا تھا۔ فساد شروع ہوا تو میں جان بچا کر گھر بھاگا۔ اس وقت کے بعد سے شہر میں قتلِ عام جاری تھا، جس میں مغربی پاکستانی مارے جا رہے تھے۔ شاید دوسرے یا تیسرے دن محمد پور میں فوج داخل ہوئی تو جان میں جان آئی تھی۔ حالات بہت خراب تھے، اس لیے ہم نے کراچی واپس جانے کا فیصلہ کیا۔ بڑی مشکل سے جان بچاتے ڈھاکہ ایئر پورٹ پہنچے۔ وہاں، شہر سے بھاگ بھاگ کر لوگ جمع ہو گئے تھے۔ بس ایک پرواز آتی تھی، اور جتنے اس میں سما سکتے تھے، چلے جاتے تھے۔ تین دن بعد ہم میاں بیوی کی باری آئی۔ ان تین دنوں ہم ایئر پورٹ پر ہی زمین پر سوتے تھے۔ شہر میں مارکاٹ جاری تھی۔ ہمارے کئی جاننے والے بہاری مارے گئے تھے۔ خدا کا شکر ہے کہ ہماری جان بچ گئی تھی۔ یہ بھی اتفاق ہے کہ ہمیں جس جہاز میں کراچی جانے کی جگہ ملی اس پر کراچی سے جنرل ٹکا خان حالات سدھارنے کے لیے بھیجے گئے تھے۔

☆　بھٹو صاحب کے زمانے میں انشورنس اور دیگر مالیاتی شعبے قومیانے کے اثرات کی بابت آپ کی رائے کیا ہے؟

☆☆　یہ فیصلہ سیاسی مقاصد کے لیے کیا گیا، ملکی مفاد کے لیے نہیں۔ وقت نے ثابت کر دیا ہے کہ فیصلہ غلط تھا۔ بعد میں خود پیپلز پارٹی ہی نے نجی شعبے میں انشورنس اور بینکوں کی اجازت دی اور یہ ادارے پھل پھول رہے ہیں۔ میں ذاتی طور پر اس میں شامل تھا، کہ قومی ملکیت میں لیے جانے کے دوران مرکزی حکومت نے مجھے اس وقت تک کے لیے ایک کمپنی کا ٹرسٹی بنا دیا تھا، جب تک اسٹیٹ لائف کی تشکیل نہیں ہو گئی تھی۔ میرا خیال ہے کہ بھٹو کا یہ عمل قومی مفادات کے خلاف تھا۔ ملکی مفادات کو ذاتی یا سیاسی مفادات پر ہمیشہ فوقیت ہونی چاہیے۔

☆　روشن علی بھیم جی سے تعارف اور تعلق کا احوال جاننا بھی لازمی ہے؟

☆☆　: روشن علی بھیم جی سے میرا تعارف اس وقت ہوا تھا جب ۱۹۷۵ء میں ہندوستان میں انشورنس کو قومی ملکیت میں لیا گیا تھا، اور انھیں پاکستان میں کام کرنے والی ہندوستانی انشورنس کمپنیوں کی شاخوں کو لائف انشورنس آف انڈیا میں ضم کرنے کے فرائض سونپے گئے۔ میں اس زمانے میں ہندوستان کی سب سے بڑی لائف انشورنس کمپنی کی کراچی شاخ میں ملازمت کرتا تھا اور وہیں میرا بھیم جی صاحب سے تعارف ہوا تھا۔ بھیم جی صاحب مجھے پسند کرتے تھے، بالخصوص میری لائف انڈر رائٹر کی ہنر مندی کی وجہ سے۔ اسی وجہ سے جب ای ایف یو لائف کی نجی شعبے میں دوبارہ تشکیل ہوئی تو انھوں نے مجھے ای ایف یو میں شامل ہونے پر راضی کیا تھا۔

☆　E.F.U بقول آپ کے صرف تین کروڑ روپے سے شروع ہو کر ملک کی بہترین بیمہ کمپنی کیسے بن گئی اور آج اس کمپنی کے کُل اثاثوں کی مالیت کیا ہے اور اس کامیابی میں آپ کا کس قدر حصہ ہے؟

☆☆　قرینے سے چلائی جائیں تو لائف انشورنس کمپنیاں تیزی سے ترقی کرتی ہیں۔ ہم (یعنی میں اور طاہر ساچک) دونوں انگلستان میں ایک ساتھ کام کرتے تھے۔ ساچک صاحب ای ایف یو لائف کے مینیجنگ ڈائریکٹر بن کر آئے تو زبردستی مجھے بھی گھسیٹ لائے تھے۔ قومی ملکیت میں لیے جانے کے بعد سے یہ شعبہ جدید خطوط پر ترقی نہیں کر پا رہا تھا، اس لیے کہ اس کی انتظامیہ پر سرکاری افسران قابض ہو گئے تھے۔ ظاہر ہے کہ سرکاری افسران کی کارکردگی کا انداز نجی شعبے سے بالکل مختلف ہوتا ہے۔ اس لئے ہم دونوں نے سوچا کہ ہمیں نجی شعبے میں نہ صرف جدید انتظامی طریقے متعارف کرانے چاہییں بلکہ جدید قسم کی پالیسیاں بھی پیش کرنی چاہئیں، جن کا پہلے اس ملک میں تصور بھی نہیں کیا جا سکتا تھا۔ ہم نے ای ایف یو لائف کو جدید خطوط پر استوار کیا، جدید پالیسیاں شروع کیں۔ ہم لوگوں نے تکنیکی، مالیاتی، سیلز اور خدمات کے جو طریقے متعارف کرائے تھے ان سے پالیسی لینے والوں کا اعتماد بڑھا، ان کو بہتر فوائد اور معیاری خدمات ملیں اس لیے کمپنی نے تیزی سے ترقی کی اور ای ایف یو لائف نجی شعبے میں اوّل درجے کی کمپنی بن گئی۔ اس سے زیادہ ہماری کامیابی اور کیا ہو سکتی ہے کہ ہمارے متعارف کرائے گئے طریقے ہی اب انشورنس کے سرکاری قوانین بنا دیے گئے ہیں۔

ای ایف یو لائف کے اثاثے بیس ارب روپے سے تجاوز کر گئے ہیں۔ میں اس کی انتظامیہ کے تکنیکی شعبے کا ڈائرکٹر تھا۔ ہم نے ایک سادہ کاغذ سے کمپنی کی ابتدا کی تھی۔ مجھے انشورنس کمپنی قائم کرنے اور کمپیوٹر سسٹم بنانے کا برطانیہ کا طویل تجربہ تھا۔ سو، ہم نے برطانیہ سے بہتر سسٹم بنایا، ۲۴ گھنٹے میں پالیسی جاری کرنی شروع، اور بے شمار نئے طریقے ایجاد کیے۔ ان ہی وجوہ کی بنا پر کمپنی نے تیزی سے ترقی کی، اور اب اس مقام پر پہنچ گئی ہے۔ ہماری دیکھا دیکھی اسٹیٹ لائف نے بھی اپنے اندازِ کار میں خاصی تبدیلیاں کی ہیں۔ دوسری کمپنیوں نے بھی وہی طریقے اختیار کیے ہیں جو ہم نے اس ملک میں رائج کیے تھے۔

پاکستان اور ہندوستان میں انشورنس ایجنٹ کا پیشہ کمتر درجے کا سمجھا

جاتا تھا۔ہم نے اس پیشے کوعزّت دی ہے۔ہم نے طے کیا تھا کہ گریجویٹ سے کم کسی کونہیں رکھیں گے،۔اور ہرایک کوٹائی اور پتلون پہننی پڑے گی۔ پہلے تو لوگ منہ بناتے تھے مگراب تو ایم۔بی۔اے حتیٰ کہ ڈاکٹرلوگ بھی سیلز کے طور پرکام کر رہے ہیں۔تعلیم یافتہ اور بڑے گھرانے کی لڑکیاں بھی اعلیٰ درجے کے کام کررہی ہی۔اچھا کام کرنے والوں کوملکوں ملکوں تفریح کے لیے لے جایا جاتا ہے۔آج یہ پیشہ ایجنٹ نہیں مالیاتی مشیر کا درجہ حاصل کر چکا ہے۔ ہماری کمپنی میں اس وقت ساڑھے تین ہزار سے زیادہ مالیاتی مشیر کام کرتے ہیں،جن میں کم سے کم ایک ہزار ایسے ہیں جن کی آمدنی دولاکھ روپے ماہانہ سے زیادہ ہے۔اس لیے اب اس پیشے میں جوق در جوق پڑھے لکھے لوگ شامل ہورہے ہیں۔

ای ایف یو لائف کی کامیابی کے بعد ای ایف یوگروپ نے یورپ کی سب سے بڑی بیمہ کمپنی Allianz کے تعاون سے بیمہ ٔصحت کی علاحدہ کمپنی Allianz-EFU Health Insurance بنائی، جو پاکستان میں پہلی بار ہوا ہے۔ مجھے پانچ برس تک اس کی سربراہی (CEO) کے فرائض انجام دینے پر مامور کیا گیا تھا۔اب ای ایف یوگروپ نجی شعبے میں پاکستان کا سب سے بڑا انشورنس کا ادارہ بن گیا ہے۔

☆　''راوی'' اخبار کے تحت مشاعرے میں شرکت کا محرک کیا تھا اور آج مشاعروں کی نسبت آپ کی رائے کیا ہے؟

☆☆　میں عوامی مشاعروں کا کبھی قائل نہیں ہوا۔مشاعروں میں پیش کیے جانے والے کلام میں جدّت یا تجربے نہیں کیے جاسکتے۔عوامی مذاق کا کلام پڑھنا مجبوری ہوتا ہے،اس لیے میں مشاعروں سے پرہیز کرتا ہوں۔نجی محفلیں شعر سننے اورسنانے کے لیے بہترین ہوتی ہیں، جہاں شعر کوسمجھ کر داددی جاتی ہے۔آج کل تو مشاعرے خواتین، گلے بازی،اور مزاح کے بغیر ہو ہی نہیں سکتے۔ایسے مشاعروں میں اگر کوئی نئے انداز کا کلام پیش کرے گا تو اس کو مایوسی ہوگی۔''راوی'' کے مشاعرے میں میرے دوست احمد رشید کے اصرار پر میں نے شرکت کی تھی۔اس کے بعد برطانیہ کے کچھ مشاعروں میں مجبوراً جانا پڑتا تھا۔ایک بار'ایلیٹ کالج' کے ایک مشاعرے میں کراچی بلایا گیا تھا، میں انکار نہ کرسکا۔ پوری رات گزرگئی۔ مجھے چھ بجے صبح غزل سنانے کا موقع ملا تھا۔اس کے بعد سے میں نے تہیہ کرلیا تھا کہ کبھی کسی عوامی مشاعرے میں شرکت نہیں کروں گا۔

☆　شعرگوئی کا آغاز آپ نے خاصی تاخیر یعنی ۱۹۶۸ء میں کیا۔یقیناً اس عمل کا سہرا بھی کسی نہ کسی کے سرتو جاتا ہوگا؟

☆☆　چوں کہ میری ابتدائی زندگی بڑی کشاکش اور مشکلات میں گھری ہوئی تھی اس لیے شعر کہنے یا سننے کے لیے وقت نہیں ہوتا تھا۔لہٰذا، جب پیشہ ورانہ زندگی کسی نہج پر آگئی تب اس جانب سنجیدگی سے توجہ دے سکا تھا۔اس میں کسی شخصیت کے سرسہرا نہیں بندھتا۔

☆　ہمارے معاشرے بلخصوص پڑھی لکھی سوسائٹی میں لفظ ''شاعر'' باعث عزت نہیں گردانا جاتا۔آپ جب بطور شاعر نمایاں ہوئے تو آپ کے کولیگ، احباب اور اہلِ خانہ کا ردِعمل کیا تھا؟

☆☆　اس کی وجہ دراصل یہ تھی،اور شاید اب بھی ہے، کہ شاعر لوگ کسی نہ کسی بہانے، حتیٰ کہ زبردستی اپنے شعر سنانے پر اصرار کر کے لوگوں کو پریشان کر دیتے ہیں۔ ہر کوئی جو تک بندی بھی کرنے لگتا ہے شاعر ہونے کا اعلان کر دیتا ہے۔میں کبھی کسی کو اصرار کے باوجود بھی شعر نہیں سناتا، جب تک کہ کوئی باقاعدہ نجی محفل نہ ہو۔ایک دفعہ میں کسی کے گھر گیا ہوا تھا۔ وہاں ایک مشہور شاعر آگئے۔انھوں نے مجھے اپنے اشعار سنانا شروع کردیے،اور مجھے اناڑی جان کر ساتھ ہی اس کے رموز بھی بتاتے جارہے تھے۔بہت دیر بعد جب صاحبِ خانہ بھی فارغ ہوکر آبیٹھے اور یہ سب دیکھا تو میرے حال زار پر مسکرانے لگے۔ تھوڑی دیر بعد انھوں نے کچھ اشعار سنائے۔ اور جب ان شاعر صاحب نے اشعار کی خوب تعریف کی تو انھوں نے میری جانب اشارہ کرتے ہوئے یہ کہہ کر یہ اشعار ان صاحب کے ہیں جو آپ کے سامنے بیٹھے ہوئے ہیں، انھیں شرمندہ کردیا تھا۔انھوں نے خجالت دور کرنے کی خاطر مجھ سے اشعار سنانے کی فرمائش کی مگر میں مسکرا کر بات ٹال گیا۔

☆　کچھ لوگوں کے خیال میں تکنیکی طور پر آپ کی شاعری حال کی نسبت ماضی سے زیادہ قریب ہے؟

☆☆　: اس سلسلے میں کیا کہہ سکتا ہوں۔لوگوں کا اپنا اپنا خیال ہوا کرتا ہے۔اتنا ضرور کہوں گا کہ شاعری تذکرۂ احوال ہوتو شاعری نہیں رہ جاتی۔

☆　ہاں! یہ بات لائق ستائش ہے کہ آپ کے ہاں ہجرت کے موضوع کو یاسیت کے بجائے اُمید کے ساتھ برتا گیا ہے مگر اس موضوع کے کثرت استعمال کے باعث بہت سے اہم موضوعات آپ کی توجہ سے محروم رہ گئے؟

☆☆　میں نے کبھی ارادتاً یا موضوعات پر شعر کہنے کی کوشش نہیں کی ہے۔ کیفیت اور احساس ہی کی بنیاد پر اشعار ہوتے ہیں اور ان ہی پر اکتفا کرتا ہوں۔

☆　آپ کے ہاں پھول، پرندہ، ہوا، گرد، دریا، دھوپ اور برف کے تلازمے کی بہتات کس امر کی غماز ہے؟

☆☆　حسب ضرورت اور ترسیل خیال کے دوران جو لفظ، جو علامت، جو تلازمہ مناسب سمجھا ہے استعمال کیا ہے۔اس کے بارے میں لوگ جو چاہیں کہہ سکتے ہیں۔

☆　پروفیسر علی فاطمی آپ کے شاعرانہ مزاج کو خالصتاً ''گنگا جمنی'' مزاج اور ماحول کا پروردہ بتاتے ہیں۔ پاکستان میں گذرے پینسٹھ برس کہاں گئے؟

☆☆　میرا خیال ہے کہ'' گنگا جمنی'' سے ان کی مراد برصغیر اور یوپی علاقے کا امتزاج تھی، یا ہندی اور اردو زبانوں کا متزاج تھا۔ یہ تو وہی بتا سکتے ہیں کہ انھوں نے کن معنوں میں یہ اصطلاح استعمال کی ہے۔آپ تو جانتے ہی

ہیں کہ جب کوئی زیور، کوئی برتن یا کوئی اور شے سونے اور چاندی دونوں کو یکجا کر کے بنائی جاتی ہے تو اس کو گنگا جمنی کہا جاتا ہے۔ شاید اس کہ وجہ یہ ہوتی ہے کہ گنگا کا پانی ہلکے مٹیالے رنگ کا اور جمنا کا دریا کی گہرائی کے باعث نیلے رنگ کا نظر آتا ہے۔ رہا پینسٹھ برس کا سوال تو یاد رہے کہ میں پچیس برس بعد پاکستان سے انگلستان چلا گیا تھا۔

☆ آپ بنیادی طور پر غزل کے شاعر ہیں جبکہ زیادہ پڑھے لکھے اہلِ قلم اردو غزل کو موجودہ زمانے کا مزاج شناس گردانتے سے گریزاں ہیں؟

☆☆ میرا خیال ہے کہ فارسی کے علاوہ کسی اور زبان میں غزل جیسی بو قلموں اور اتنی دل آویز صنف نہیں ملتی۔ میں عربی ادب سے زیادہ واقف نہیں۔ اس میں بھی غزل جیسی صنف پائی جاتی ہے مگر اسے تکنیک کے اعتبار ہی سے غزل کہا جا سکتا ہے مزاج کے اعتبار سے نہیں۔ غزل اردو شاعری کی آبرو ہے۔ اس موقع پر میر انیس کا ایک شعر یاد آ رہا ہے:

تمہارے حلقہ بگوشوں میں ایک ہم بھی ہیں
پڑا رہے یہ سخن کان میں گہر کی طرح

کیا کسی اور زبان میں اس قسم کے شعر کہے جا سکتے ہیں؟

☆ آپ جیسے جدت پسند اور جدت طراز شاعر پر رومان پسندی کا الزام کس حد تک مناسب ہے؟

☆☆ ہر انسان کسی نہ کسی وقت رومانوی ہو جاتا ہے۔ اس کا یہ مطلب نہیں ہوتا کہ وہ شخص ہمیشہ رومان پسند ہی ہوتا ہے۔ شاید میرے کچھ رومانوی اشعار دیکھ کر یہ کہا گیا ہے۔ مجھ پر رومانوی شاعر کا لیبل لگانا مناسب نہیں۔

☆ اُستاد قمر جلالوی، یاور عباس، زیبا رودولوی، طالب جارچوی سے ملاقات اور صحبتوں کے احوال کے ساتھ اپنی شخصیت اور فن پر اُن کے اثرات بتلائیے؟

☆☆ ان میں کسی سے میری نہ ملاقاتیں رہی ہیں نہ مراسم۔ بس، ابتدائی دنوں میں ان کے اشعار اچھے لگتے تھے۔

☆ ناصر کاظمی، شکیب جلالی، منیر نیازی کے اثرات کا ذکر آپ کے لیے اعزاز ہے یا الزام؟

☆☆ ناصر کاظمی اور مصطفیٰ زیدی میرے ہم عصر پسندیدہ شاعروں میں سے ہیں۔ شکیب جلالی بھی اچھے شاعر تھے۔ منیر نیازی نے کبھی مجھے انسپائر نہیں کیا۔

☆ جمیل الدین عالی، ناصر شہزاد، ابنِ انشاء سے فیض رَس معنوں میں؟

☆☆ یہ کہنا سہل انگاری کے زمرے میں آتا ہے۔ ہندی کے الفاظ کے استعمال کا یہ مطلب نہیں ہوتا کہ میں نے ان حضرات سے فیض حاصل کیا۔ ناصر شہزاد عام طور پر ہندی کے الفاظ استعمال کرتے تھے۔ جمیل الدین عالی نے اپنے دوہوں میں ہندی الفاظ استعمال کیے ہیں۔ ابنِ انشا نے بھی ہندی کے الفاظ استعمال کیے ہیں۔ میں نے بھی ہندی کے الفاظ بلکہ ہندی بحریں بھی استعمال کی ہیں۔ اب کوئی اسے فیض کہے تو کہہ لے۔

☆ ناصر کاظمی، مصطفیٰ زیدی سے آپ کا ذہنی قرب کس قسم کا ہے اور آپ کے ہاں اُن کے اثرات کس شکل میں تلاش کیے جا سکتے ہیں؟

☆☆ اس کا جواب میں پہلے سوال میں دے چکا ہوں۔

☆ اردو شاعری کے اعلیٰ مقام پر فائز ہونے کے بعد غالب اور فیض کے اشعار اپنے نام سے سنانے والے رشید صاحب کی بابت آج آپ کس طرح کے احساسات رکھتے ہیں؟

☆☆ احمد رشید صاحب نہایت خوش طبع انسان ہیں، اور مزاح کے طور پر ایسا کیا کرتے تھے، سنجیدگی سے نہیں۔

☆ ۱۹۷۸ء میں آپ کا پہلا شعری مجموعہ شائع ہوا تو پروفیسر عقیل رضوی نے فکر اور مشاہدہ کی گہرائی کی قلت کا ذکر کیا تھا۔ آج اس حوالے سے صورت حال کیا ہے؟

☆☆ عقیل صاحب نے قلت کا ذکر نہیں کیا تھا۔ انھوں نے مستقبل کے لیے مشورے کے طور پر اور بزرگ کی حیثیت میں ایسا کہا تھا۔ عقیل صاحب میرے سگے ماموں ہیں۔

☆ پہلے مجموعے کی اشاعت انجمن ترقی ہند کے تعاون سے کس سبب ہوئی؟

☆☆ میرا پہلا شعری مجموعہ ''تازہ ہوا'' عاشور کاظمی صاحب نے انجمن ترقی پسند مصنفین برطانیہ کے ادارے Third World Foundation کے زیرِ انتظام شائع کیا تھا۔ اس میں انجمن ترقی پسند مصنفینِ ہند کے کسی قسم کے تعاون کا کوئی دخل نہیں تھا۔

☆ لگے ہاتھوں کچھ تفصیل اپنی ترقی پسندی اور اس نظریے کی بابت آپ کی رائے کی بھی بیان ہونا چاہیے؟

☆☆ اس موضوع پر میں نے ایک مضمون ''چھوٹا منہ بڑی بات'' تحریر کیا تھا جو مقتدرہ قومی زبان کی شائع کردہ میری کتاب ''برقیات'' میں شامل ہے۔ میں ترقی پسندی کے اس انداز کو بالکل پسند نہیں کرتا تھا جو ابتدا میں رائج ہو گیا تھا۔ اس تحریک میں ایسا ادب بھی لکھا جانے لگا تھا جو محض بیانیہ اور احتجاجی سطح کا ہوتا تھا۔ میرا کہنا یہ تھا کہ ابتدائے آفرینش سے پوری کائنات ترقی پسندی کا مظہر رہی ہے۔ یہ ترقی نہیں تو اور کیا ہے کہ پتھر کے زمانے سے آج ہم انٹرنیٹ کے دور میں پہنچ گئے ہیں۔ کائنات کی کوئی شئے تنزلی پر مائل نہیں۔ ہر اچھا ادیب اور شاعر ترقی پسند ہوتا ہے۔ بس مجھے بنیادی طور پر ماسکو کو قبلہ بنانے پر اعتراض رہا ہے۔ اب تو وہ قبلہ بھی ڈھے گیا ہے۔ ویسے اس میں کوئی شک نہیں کہ اس تحریک نے اردو ادب کی ثروت مندی میں اضافہ کیا ہے۔ اسے معنویت دی ہے، اور خصوصاً

غزل کو نئے مزاج سے آشنا کیا ہے۔

☆ پاکستان رائٹر گلڈ کے جلسوں میں شرکت کس جذبے اور احساس کے تحت کیا کرتے تھے اور آج اس عمل بلکہ تنظیم کے حوالے سے آپ کے احساسات کیا ہیں؟

☆☆ کسی خاص مقصد یا احساس سے نہیں، بس ادب سننے کی خاطر جایا کرتا تھا۔ اب اس کا کیا حال ہے مجھے، اس کے بارے کچھ علم نہیں۔

☆ نثر کے میدان میں آپ نے عاشور کاظمی کی کتاب ''سخن گسترانہ بات'' کا مقدمہ لکھ کر اپنی آمد کا اعلان کیا۔ فوری بعد ''الفریڈ نوبیل'' پر کام شروع کر دیا۔ اس حوالے سے کچھ تفصیل بتانا پسند کیجیے گا؟

☆☆ نثر کے میدان میں آنا ''سخن گسترانہ بات'' کی وجہ سے نہیں ہوا تھا۔ دراصل انجمن ترقی پسند مصنفین پاکستان اور ''ارتقا'' کتابی سلسلے کے روحِ رواں راحت سعید صاحب نے فرمائش کی تھی کہ لندن میں رہ کر اور معلومات کی فروانی میں اردو قارئین کے لیے کچھ کیا جانا چاہیے۔ مزید، یہ کہ خود مجھے بھی الفریڈ نوبیل انعامات میں دلچسپی تھی۔ سو، میں نے سوچا کہ اردو والوں کو بھی اس سے متعلق اطلاعات پہنچانی چاہیے۔ الفریڈ نوبیل کی زندگی اور کام پر جو کتاب میں نے لکھی تھی اس کو امجد اسلام امجد نے اردو سائنس بورڈ لاہور سے شائع کیا تھا، جب وہ اس کے ڈائریکٹر جنرل تھے۔ اس کتاب کی بڑے دھوم دھام سے اسلام آباد میں تقریب ہوئی تھی جس کی صدارت ڈاکٹر عبدالقدیر خان صاحب نے کی تھی اور سویڈن کے سفیر اس تقریب کے مہمان خصوصی تھے۔ اس کے بعد رسا چغتائی کے مصرعے

پھر تو وہ جانِ حیا ایسا کھلا ایسا کھلا

کی مصداق کتابوں پر کتابیں آتی گئیں۔

☆ انشورنس بظاہر حساب کتاب کا شعبہ ہے آپ کی دلچسپی سائنس تک محیط کیونکر ہوئی؟

☆☆ بچپن ہی سے مجھے مظاہر قدرت میں دلچسپی رہی ہے۔ میں نے ہر شئے کو ہمیشہ تجرباتی نگاہ سے دیکھنے کی کوشش کی ہے، اس لیے میرے ذہن میں تجسس کی عادت ہے۔ ہر شئے کی صناعی اور اس کہ وجہِ تخلیق پر غور کرنا میرا مشغلہ ہے۔ لائف انشورنس میرے پیشے کا مرکزی شعبہ رہا ہے۔ چوں کہ میرا کارِ منصبی مرضیات اور مرضیاتی تفتیش (pathology) اور پالیسی کی قیمت کے تعین سے متعلق رہا ہے اس لیے فعلیات و ادویہ جات (physiology & medicine) کا وسیع اور مسلسل مطالعہ میری ضرورت بھی تھی اور عادت بھی۔ اور ظاہر ہے کہ یہ دونوں سائنسی شعبے اہم ترین شعبوں میں شمار کیے جاتے ہیں۔ ریٹائرمنٹ کے بعد بھی مسلسل سائنسی موضوعات کا مطالعہ میرا مشغلہ بن چکا ہے۔

☆ جنرل سائنس کی حد تک تو بات سمجھ میں آتی ہے۔ جنیٹک سائنس تو خالصتاً تکنیک اور مہارت کا کام ہے اس جانب آپ کی توجہ اور انہاک قدرے حیران کُن ہے؟

☆☆ جی ہاں! جینیاتی سائنس میں میری دلچسپی اس وقت زیادہ ہو گئی تھی جب ۲۰۰۰ء میں Human Genome کا غلغلہ بلند ہوا تھا، کہ انسان نے سائنس کے رموزِ حیات کا مطالعہ مکمل کر لیا ہے، اور اب جین کی پہچان اور اس کے ذریعے علاج سے نہ صرف بیماریوں کا صفایا ہو سکے گا بلکہ جین کی الٹ پھیر سے تخلیقات میں تبدیلیاں بھی ممکن ہو سکیں گی۔ میں نے اس وقت سے، بہت پہلے (۱۹۸۰ء) میں ایک پوری غزل لکھی تھی جو تازہ ہوا میں شامل ہے:

اُگے نہ موت زمین پر تو اور کیا ہوگا
کہ بیج زہر کے بانٹے گئے کسانوں میں
سوادِ جہل کے زنداں میں قید ہوگا خدا
بنائے جائیں گے انسان کارخانوں میں

اور جب ۲۰۰۰ء میں کتابِ زیست (Human Genome) کا مطالعہ مکمل کر لیا گیا تھا تو میں ایک شعر لکھا تھا:

کتابِ زیست کے سب حرف پڑھ لیے اس نے
میں اپنے آپ کو اب ڈرتے ڈرتے دیکھتا ہوں

☆ اوّل کمپیوٹر سے آپ کی دلچسپی کے اسباب دوئم مصنوعی ذہانت کے حوالے سے فاروقی صاحب نے آپ کی زبان کو دشوار کیوں گردانا ہے جبکہ آپ کی شاعری سے اس طرح کا تاثر ہرگز نہیں ملتا؟

☆☆ مصنوعی ذہانت میں مجھے ہمیشہ سے دلچسپی رہی ہے۔ جب میں نے Alan Turing کے Turing Test کا مطالعہ کیا تھا جس میں ٹیورنگ نے ایک کمرے میں ایک کمپیوٹر اور دوسرے کمرے میں ایک انسان کو بٹھا کر سوالات کیے تھے اور ان کے جوابات کا تجزیہ کیا تھا کہ ان میں سے کون سا جواب انسان کا تھا اور کون سا کمپیوٹر کا تھا۔ یہ واقعہ میری نظر سے اس وقت گزرا تھا جب میں زیورخ میں پڑھ رہا تھا۔ اس وقت انٹرنیٹ نہیں تھا، اس لیے کتابیں تلاش کرنا اور ان کا مطالعہ کرنا ہی واحد طریقہ تھا۔ اسی طرح میں نے نوبیل کے حالاتِ زندگی وغیرہ پر کتاب لکھنے میں کتابوں کی تلاش اور مطالعے کیے تھے۔ جب آپ کو ادق سائنسی موضوعات پر لکھنا ہو، اور اس زبان میں لکھنا ہو جس میں سائنسی اصطلاحات کے تراجم نہ موجود ہوں اور نہ رائج، تو لکھنے والا کیا کر سکتا ہے۔ ظاہر ہے کہ اوّل اوّل تو زبان مشکل ہی لگے گی۔

☆ آپ نے نوبل انعام یافتہ جن مصنفین کے خطبات جمع کیے اُن کے کوائف اُس وقت دستیاب نہ تھے ذرا اس واقعہ کی تفصیل سے قارئین کو آگاہ کیجیے؟

☆☆ جی ہاں! اس وقت انٹرنیٹ پر سب کچھ موجود نہیں تھا۔ میں نوبیل فاؤنڈیشن کو خط لکھ کر تفصیلات حاصل کرتا، ان سے متعلق کتب کی تلاش کرتا، ان کا مطالعہ کرتا اور ان میں سے اپنے مطلب کی باتیں اخذ کرتا اور ان کا خلاصہ کرتا

تھا۔ یہ واقعی بہت مشکل کام تھا۔ اب میں خود پلٹ کر دیکھتا ہوں تو حیرانی ہوتی ہے کہ یہ سب کچھ کیسے ممکن ہوا۔

☆ کچھ روداد اُس اجازت نامے کی بھی بتلایئے جو آپ کو ان تراجم کو شائع کرنے کی غرض سے حاصل کرنا پڑا؟

☆☆ اس سلسلے میں بھی میں نے نوبیل فاؤنڈیشن سے رابطہ کیا، ان کو اردو کی مفلسی کا احوال سنایا، اردو اشاعت کی مشکلات کا رونا رویا، اور یہ بھی واضح کیا کہ اس کام میں فائدے نہیں نقصانات ہی نقصانات ہیں۔ میری کوشش تھی کہ معاملہ مفت ہی میں طے ہو جائے مگر فاؤنڈیشن والوں نے بغیر فیس لیے اجازت دینے سے انکار کر دیا تھا۔ ہاں اتنا ضرور ہوا تھا کہ انھوں نے فیس کی رقم طے کرنے میں کچھ مروّت کی تھی۔ وہ لوگ الفریڈ نوبیل پر میرے کام اور اس کی شخصیت سے میرے لگاؤ کو تحسین کی نگاہ سے دیکھتے ہیں۔

☆ افسانے کا انکوا آپ کے ہاں کب اور کس طور پھوٹا۔ اب تک کتنے افسانے ضبطِ تحریر میں آ چکے ہیں بلخصوص افسانوی سفر اور پہلے مجموعے کی اشاعت کی کہانی دلچسپ ہونا چاہیے؟

☆☆ میرا افسانوں کا مجموعہ ''آٹھواں رنگ'' تقریباً دو برس قبل ہی مکمل ہو گیا تھا، مگر اس کی اشاعت بہ وجوہ روک دی گئی تھی۔ جیسا کہ کسی مشہور بین الاقوامی ادیب نے لکھا تھا کہ ہر کہانی میں کچھ حقیقت ضرور ہوتی ہے، میری اس کتاب کی وجہِ تسمیہ بھی ایک دو واقعات ہی تھے جنھوں نے مجھے بہت متاثر کیا تھا، اور میں چاہتا تھا کہ ان کو دستاویزی صورت دی جائے۔ مگر دستاویز میں نہ فن کاری ہوتی ہے اور نہ عام مطالعے کی دلچسپی۔ اس لیے ان کے اطراف کہانی کی بُنت کی گئی۔ سو، میں نے دو افسانے لکھے۔ ان کے لکھنے کے بعد میں نے دیکھا کہ یہ دونوں کہانیاں معقول ہو گئی تھیں، تو مزید آٹھ افسانے اور لکھے۔ اس طرح دو سو صفحات کا یہ مجموعہ حال ہی میں شائع ہوا ہے۔

☆ اس وقت آپ کی شخصیت کا ایک اور نیا رُخ ہمارے سامنے ہے یعنی مصوری اور خطاطی؟

☆☆ مصوری کا واقعہ یہ ہے کہ تقریباً سات برس قبل میں الہ آباد گیا تھا اور حسبِ معمول میں فاروقی صاحب سے ملاقات کے لیے بھی گیا اور ان کی کچھ تصویریں بھی بنائی تھیں۔ ان تصویروں میں سے ایک میں سے فاروقی صاحب کا ایک پورٹریٹ تیار کیا اور میں نے ان کو روانہ کیا جس کی تشریح بھی کی تھی، جس میں ان کے چہرے پر ماضی کی کامیابیوں کے باعث اطمینان، اور عقب میں نظر آنے والے پھولوں کو ان کے کارہائے نمایاں کی علامت کے طور پر بیان کیا تھا۔ شاید انھیں میری یہ بات پسند آئی تھی، اسی پر انھوں نے کہیں اس کا تذکرہ کر دیا ہے۔ خطاطی سے مجھے پسندیدگی کی حد تک دلچسپی ہے۔ چند برس قبل میں نے فاروقی صاحب، اور ہندوستان کے سابقہ وزیرِاعظم اندر کمار گجرال کو غالب کے منتخب اشعار اور ان پر بنائی گئی تصویروں پر مشتمل نہایت نفیس کیلنڈر بھیجا تھا۔ اندر کمار گجرال صاحب سے میری پہلی اور دوسری ملاقات لندن میں ہوئی تھی، اور تیسری بار اس وقت ہوئی جب میں دلّی گیا تھا۔ وہاں غالب اکادمی میں مجھے مغربی ممالک میں اردو پر ایک مذاکرے میں مقالہ پڑھنا تھا، اس کی صدارت گجرال صاحب نے کی تھی۔

میرے رابطے اور ملاقاتیں ہندوستان کے ایک اور سابقہ وزیرِ اعظم، جناب وی پی سنگھ (وشوا ناتھ پرتاپ سنگھ) سے تھیں جو یو پی کی ایک ریاست کے راجا تھے۔ جس زمانے میں راجا صاحب نابالغ تھے، اور ان کے والد کا انتقال ہو گیا تھا، اس وقت میرے والد ان کی ریاست میں منیجر تھے، اور انھوں نے نابالغ راجا صاحب کو ان کے اعزّہ کی سازشوں سے بچایا تھا جو اُن کی نابالغی کی بنیاد پر ریاست پر قبضہ کرنا چاہتے تھے۔ میں ۲۰۰۵ میں جب ہندوستان گیا تھا تو پہلے راجا صاحب کو خط لکھا، اور ان سے ملاقات کی خواہش کی تھی۔ ان کا جواب آیا اور میرے والد کے حوالے سے مجھ سے ملنے کی خواہش بھی کی تھی۔ میں ملنے گیا تو وہ مجھ سے مل کر بہت خوش ہوئے۔ بہت دیر تک ماضی کی اور حال کی سیاست پر باتیں کرتے رہے۔ چائے سے تواضع بھی کی تھی۔ انھوں اپنی شاعری کا اردو ترجمہ جس میں انھوں نے اپنی نظموں کی مصوری بھی پیش کی تھی، مجھے عنایت کیا تھا۔ انھوں نے مجھ سے وعدہ بھی کیا تھا کہ وہ پاکستان ضرور آئیں گے۔ مگر ان کی زندگی نے وفا نہ کی اور دو برس بعد ہی ان کا انتقال ہو گیا۔

☆ آپ کی خواہش اور بار بار کی درخواست کے باوجود آپ کا ادارہ ریٹائرمنٹ پر راضی کیوں نہیں ہوتا؟ آپ نہیں سمجھتے کہ اس طرح آپ کا تخلیقی کام متاثر ہو رہا ہے؟

☆☆ چونکہ میں روزِ اوّل سے اس ادارے کی تشکیل میں شامل تھا، اور میری صحت، جسمانی اور ذہنی، اب بھی برقرار ہے اس لیے ادارے والے چاہتے ہیں کہ میں ان سے منسلک رہوں۔ ساچک صاحب تو ۱۹۸۴ء سے میرے ساتھی رہے ہیں۔ ان ہی کے اصرار پر میں اس میں شامل ہوں۔ مگر، اب میں صرف چھ ماہ کام کرتا ہوں: یعنی، چھ ہفتے لندن میں اپنے خاندان کے ساتھ، اور چھ ہفتے کراچی میں ای ایف یو کے ساتھ۔ اس طرح، پچھلے چار برس سے سال میں چار بار پاکستان آتا جاتا رہتا ہوں۔ ویسے بھی، جب سے میں ای ایف یو سے منسلک ہوا ہوں پاکستان آتا جاتا رہتا ہوں۔ دراصل، اب اس طرح مجھے فرصت کا وقت زیادہ ملتا ہے، اس لیے کہ تقریباً چھ ماہ کراچی میں تنہا رہتا ہوں۔

☆ کچھ تفصیل مستقبل کے منصوبے، خوابوں اور خواہشوں کی بابت بتلایئے؟

☆☆ میں اپنے کام کے منصوبوں کے بارے میں کچھ نہیں کہتا، جب تک کہ وہ مکمل نہ ہو جائے۔ کام جاری ہے اور وقت آنے پر سب کے سامنے ہوگا۔ اچھے اچھے خواب دیکھتا ہوں، اور خواہشوں کا وہی معاملہ ہے کہ

''ہزاروں خواہشیں ایسی کہ ہر خواہش پہ دم نکلے''

''خوشبو تیرے بدن کی''

پروفیسر ڈاکٹر سید محمد عقیل رضوی
(الہٰ آباد، بھارت)

فکر ونظر کی نئی آگہی نے اِدھر انسان کو پھر سے اپنی بدلتی ہوئی قدروں کی تلاش کی طرف متوجہ کیا ہے۔ نئے سائنسی حقائق جس طرح روز، ایک نیا انکشاف کرتے جاتے ہیں اُسی طرح، ذہنِ انسانی اپنے غم ونشاط، اپنے احساسِ جمال اور اپنے محسوسات کے لیے اظہار کے نئے طریقے دریافت کرتا جاتا ہے۔ کمپیوٹر اور روبٹ کی برق رفتاری نے نہ صرف اس کی مشینی دنیا کو متزلزل کر دیا ہے بلکہ اس کی سوچ کے ادب اور ادراکِ خیال میں بھی ایسا محشرستان برپا کر رکھا ہے کہ شعر وادب کی دنیا میں یہ صورت پہلے کہاں تھی اور عجیب بات یہ ہے کہ آج سے کچھ دنوں پہلے تک غزل، جسے حالؔی سے لے کر ترقی پسندوں تک نے اردو شاعری کے دورِ ازل کا سرمایہ سمجھ رکھا تھا، دیکھتے دیکھتے اردو ادب کی دنیا پر پھر سے حاوی ہوگئی۔ روز، نت نئے انداز کی غزلیں، نئی گلاسری اور نئے انداز سے سوچتی ہوئی، ایوانِ غزل میں داخل ہوتی جارہی ہیں۔ یہ غزل کی یک بارگی بازآفرینی کیوں اور کیسے ہورہی ہے اور غزل روز نئے موڑ، نئے مسائل اور نئی گلاسری کیوں بدل رہی ہے، اس کا تجزیہ ہونا چاہیے۔ ایک بہت واضح موڑ اردو غزل میں اردو کے شعرائے مہجر کا ہے۔ وہ شاعر جو ہندوستان اور پاکستان سے نکل کر اطرافِ عالم میں پھیل گئے ہیں۔ جن کے ساتھ ان کا قدیم کلچر بھی ہے اور جدید بھی۔ ان میں وہ بھٹک بھی ہے جو انھیں لیے پھرتی ہے اور تجربوں وتہذیبِ غم کی نئی دنیا بھی جو ایسے تمام لوگوں کی اپنی دنیا ہے۔

باقر نقوی کا مجموعہ ''تازہ ہوا'' مجھے ملا تو غزل کی ایسی ہی دنیا ان کے اشعار میں مجھے نظر آنے لگی اور چونکہ میں ان کی جڑوں، ان کے منتقل ہوتے ہوئے ماحول، ان پر پڑی ہوئی تمام بپتا سے واقف تھا، اس لیے ان کے اشعار میں مجھے وہ تمام صورتیں سر جھکائے، سر اٹھائے اور متوحش و بے چین نظر آنے لگیں۔ میں پہلے سمجھا تھا کہ وہ اپنے گھر کے پرانے لوگوں کی طرح محض تفننِ طبع کے لیے شعر کہتے ہوں گے کہ محفل سازی بھی شاعری کی ایک منزل رہ چکی ہے۔ یہ ایک جملۂ معترضہ ہے مگر آج بھی مغرب میں محض ''تفننِ طبع'' کے دل دادہ موجود ہیں۔ ایسے خاصے بھولے بھالے لوگ برطانیہ، امریکا اور کنیڈا میں ہیں جو اردو شاعری کی حشر سامانیوں سے بے خبر ہیں اور جس تہذیب اور رنگِ شاعری کے دور میں انھوں نے ہجرت کی تھی، وہ سمجھتے ہیں کہ وہی تہذیب اور رنگِ شاعری آج بھی اردو شاعری کا غالب رنگ ہے اور اسی رنگ میں شعر کی تخلیق کرتے رہتے ہیں۔ مگر باقرؔ نے ایسے سن وسال میں ہجرت کی تھی کہ انھیں خبر بھی نہیں کہ اس وقت محفل سازی کی شاعری کیا تھی۔ ہاں، اس زندگی کی یاد ضرور باقی ہے۔ اسی کے ساتھ وہ تجربہ بھی جو انھیں کھوکھراپار سے کھینچتا ہوا کراچی اور پھر لندن لے گیا۔ اگر یہ سب کچھ نہ ہوتا تو یہ شعری تجربہ کہاں سے آتا۔

حرکت میں ہے دنیا لیکن پتھر ہے
پتھر کے اندر رقصندہ ہم ہی تو ہیں

پیڑ کاٹے گئے، پھول روندے گئے بہتے دریاؤں پر بند باندھے گئے
جانے کتنے بسیرے اُجاڑے گئے تب بسائی گئی ہیں نئی بستیاں

کنبہ چھوڑا بستی چھوٹی جنگل ہو گئے ہم
جاناتیرے پیار میں کیسے پاگل ہو گئے ہم

باقرؔ نے اس کا اہتمام کیا ہے کہ وہ اپنے تجربات کو نالہ وفریاد کی طرح بیان نہ کریں۔ جو کچھ ان پر بیت گئی، اس کا مداوا کیا ہوسکتا ہے؟ پھر ہائے واویلا مچانے سے کیا؟ جو گھر لٹ گیا، جو زمین چھٹ گئی، جو آم کے باغ اور چنے کے کھیت ان سے بچھڑ گئے انھیں کون واپس لاسکتا ہے۔ اس لیے ان کی غزلوں میں اس تہذیب کیے ہوئے غم کی بازگشت ہے جو برداشت کر لینے کے بعد ایک ایجابی احتجاج کے ساتھ اُبھرتی ہے، جسے سنانا مقصود نہیں ہوتا مگر ''ہم نے بھی یہ کچھ برداشت کیا ہے۔ لوگو! تم سن کر کیا کرو گے تاہم یہ ہمارا تجربہ، ظرف اور غم کو حرزِ جاں بنانے کا طریقہ دیکھو۔'' جیسا آہنگ اور اشارہ ان غزلوں میں بولتا سنائی دیتا ہے۔ تمام ہجرت کرنے والوں کے یہاں کسی نہ کسی صورت میں یہ کیفیت ابھرتی ہے مگر باقرؔ نے اسے دبا کر، جو اپنے الفاظ اور مصرعوں کے چہروں سے عیاں کرنے کی فکر کی ہے، وہ ان کی اپنی منفرد کوشش ہے۔ وہ کہیں vocal نہیں ہوتے اور نہ ''ہائے سب لٹ گیا۔ ہم بے گھر ہو گئے'' والا expression ملتا ہے۔

گھر سے نکلے تو یہ غم تھا بے گھر ہو گئے ہم
تیری بستی میں پہنچے تو پتھر ہو گئے ہم

جن پہ لٹکے ہوئے اک عمر گزاری ہم نے
ان صلیبوں پہ ذرا کوئی مسیحا چمکے

لوگ کوئی تصویر لیے پھرتے ہیں گلی گلی
ہم کو بھی وہ چہرہ کبھی دیکھا سا لگتا ہے

سوادِ شام میں گم ہو گئے چراغِ اُمید
نگاہِ وقت نے کیا حادثے غضب دیکھے

پھول ہم نے کبھی مانگے نہ صبا مانگتے ہیں
ہم تو جینے کے لیے تازہ ہوا مانگتے ہیں

خود بخود جل اٹھے یادوں کے دریچوں میں چراغ
رات پھر جاگ اٹھا درد پرانا دل کا

مگر باقرؔ نے کلاسیکی پابندیوں کا لحاظ رکھا ہے۔ خیالات اور الفاظ کی حدیں یقیناً پرانے رکھ رکھاؤ کو توڑ دیتی ہیں مگر، الفاظ کا دروبست، بحروں کی پابندی، الفاظ کے اعراب وہ اس طرح نہیں توڑتے جس طرح جدید اور بہت سے نئے شعرا، کچھ تو تجربوں کے لیے اور زیادہ تر ناواقفیت کے سبب، زبان کی شکست و ریخت کے عمل میں سرگرم ہیں اور اسے سراہتے بھی ہیں۔ زبان کے دائرے، اعراب و اصوات اگر زبان کے اصولوں کے ساتھ تبدیلی اور شکست و ریخت کی منزل سے گزریں اور یہ تبدیلی فطری ہو تو شعری زبان کا ارتقا ہوتا ہے مگر لاعلمی اور من مانی کیفیت، شاعری اور زبان، یہاں تک کہ شاعر کے فکری عمل کو بھی بے مصرف کر دیتی ہے۔ یہی صورت استعارات کی بھی ہے۔ نئی زندگی اپنے نئے استعارات اور علامتیں بنا سکتی ہے اور بناتی بھی ہے مگر اس عمل میں کسی بھی زبان کی شعری روایت کو یک قلم پسِ پشت نہیں ڈالا جا سکتا اور تمام تلازمے اور استعارے شخصی طور پر اور isolation میں پیش نہیں کیے جا سکتے۔ یہ ضرور ہے کہ شاعر ان کے منطقے (Spheres) اور اشاریت کو بدل سکتا ہے اور بدلتا بھی ہے۔ اس سے نئی معنوی وسعتیں بھی پیدا ہوتی ہیں اور نئے تلازموں کا صَرف بھی شاعری کی دنیا میں داخل ہوتا ہے مگر اس میں زبان کے مزاج، اس کی assimilation کی طاقت اور تمام تر حدود و توسیع کو نظر میں رکھنا چاہیے۔ باقرؔ نے ہوا، پرندہ، پھول، گرد، دریا، دھوپ اور برف کو جس طرح تلازمہ خیال کے لیے استعمال کیا ہے اس میں ہر لحظہ ایک نئی معنویت اور ماضی و حال کی زندگی کے ممکنات ڈوبتے ابھرتے رہتے ہیں اور اس طرح ان کی غزلیں زبان و بیاں دونوں کی نئی معنوی تہیں ابھارتی جاتی ہیں۔

ہر دور کا شاعر اپنے دور کے آہنگ، فیشن اور آگہی کو کہاں چھوڑ سکتا ہے؟ کیوں کہ تمام تحریریں ایک وقت اور تاریخ کے ساتھ وجود میں آتی ہیں جن میں فیشن ادیب اور شاعری کو ڈھکاتا ہے۔ اگرچہ یہ فیشن کبھی کبھی بڑے دھوکے باز (Illusive) بھی ہوتے ہیں اور ضروری بھی نہیں کہ تاریخ اور وقت کی سچی حقیقتیں بھی ہوں مگر شاعر اور ادیب اس کی طرف کھنچتے ضرور ہیں۔ پھر سچی حقیقتیں اور تجربے بھی اب طبیعیات، مابعد الطبیعیات، ایٹمی تجربوں اور اِکسرے کی گہرائی سے آتی ہوئی تجرباتی زندگی سے آتے ہیں کہ کہاں کہاں ادیب یا شاعر تسلیم شدہ قدروں کے ساتھ چلے اور پھر کن مسلمات کی قدروں کے ساتھ روایت سے الگ بھی ہو جائے۔ اردو کی نئی شاعری میں کچھ لوگ نئے مسلمات اپنا کر اپنے طور پر الگ ہو بھی گئے مگر کچھ دنوں بعد معلوم ہوا کہ جنھیں وہ نئے شعری مسلمات سمجھتے تھے، وہ ایجادِ بندہ اور محض لمحاتی دلچسپیوں سے زیادہ کچھ نہ تھے۔ کچھ تذبذب میں بھی رہے مگر میرا خیال ہے کہ جنھوں نے زبان اور بیان کے کینڈے کو بدلا اور اس بدلنے میں فیشن کے ساتھ ساتھ اردو کی شعری روایت اور اس کے مزاج اور حرمت کا خیال رکھا ہے، انھوں نے اردو شاعری کے شعری ارتقا میں مدد کی ہے۔ اور یہ وہ لوگ ہیں جنھوں نے اپنا ماڈل ایسے شعرا کو بنایا ہے جو اگرچہ نئے تھے مگر اردو غزل کی شعری تحریم کا لحاظ کرتے رہے ہیں۔ باقرؔ کی غزلوں پر اپنی آواز کے ساتھ ساتھ ناصر کاظمی، شکیب جلالی اور کہیں کہیں منیر نیازی کی گہری چھاپ بھی نظر آتی ہے اور فیشن ان کا غزل کا نیا فیشن ہے۔ زبان کے معاملے میں وہ کبھی کبھی جمیل الدین عالی، ناصر شہزاد اور ابنِ انشا کی طرف بھی دیکھ لیتے ہیں مگر اس میں انھیں کامیابی نہیں ہوتی کہ وہ کلاسیکی رکھ رکھاؤ چھوڑ نہیں پاتے ہیں۔ یہی سب صورتیں باقرؔ کی غزل گوئی کا واضح نشان مجھے معلوم ہوتی ہیں۔ ان میں وہ نئی شعری روایت بھی ہے اور مسلماتِ شاعری کی تحریم بھی جس کا ذکر ابھی کیا گیا۔ اب باقرؔ کے کچھ منتخب اشعار دیکھیے :

ہے گیسوؤں کا فیض جو نم ہے گھٹاؤں میں
خوشبو ترے بدن کی گھلی ہے ہواؤں میں

مٹ کر ہوا جو اور تماشائے روزگار
میں وہ نوشتۂ ورقِ آبدیدہ ہوں

میں بھی ترے سپاس کا امیدوار ہوں
میرا بھی ایک تار ترے پیرہن میں ہے

ہم اپنے لیے آپ ہی بن جائیں گے سایہ
دیوار کے سایے پہ بھروسا نہ کریں گے

خوشبو تری گلی میں پریشاں ملی ہمیں
کیا پھر اُلجھ پڑا ترا آنچل ہوا کے ساتھ

روشن ہے کوئی بام، نہ شمعیں ہیں دروں میں
کیوں لوگ چھپے بیٹھے ہیں کاغذ کے گھروں میں

کیسا یہ شہر ہے کہ جو آباد ہے مگر
دیکھو بلندیوں سے تو صحرا دکھائے دے

کس کو چاہوں، کس سے بولوں، خول سے کیسے نکلوں
گھر کے اندر چپ کا جادو، باہر تیز ہوا ہے

باؔقر جی خوش قسمت ہو تم کوہِ نور پہ بیٹھے ہو
چپ کی کالی جھیل میں دیکھو کتنے سخنور ڈوب گئے

سنا ہے اب کے برس برف گر رہی ہے بہت
تمھارے باغ کے سب پھول جل گئے ہوں گے

سوادِ شام میں گم ہوگئے چراغِ اُمید
نگاہِ وقت نے کیا حادثے غضب دیکھے

یہ سب تو ہے مگر باؔقر میاں فکر میں تھوڑی اور گہرائی پیدا کرو، دل کو کچھ اور جلاؤ، تب داستانِ دل، اپنے وقت کی آواز میں بیان کرو۔ پھر دیکھو کہ تم کہاں ہو۔ اچھی شاعری، خودنگری اور خود احتسابی سے وجود میں آتی ہے، مشاعرے کی واہ واہ سے نہیں۔ مشاعرہ لوٹ کامیابیاں ادب کے میدان میں شاعر کو اکثر پیدل کر دیتی ہیں۔ خدا نہ کرے کہ تم مشاعرہ لوٹ شاعر ہو اور تمھارا یہی ایک مجموعہ تمھیں ادب میں زندہ رکھنے کے لیے کافی ہو۔ میں یہ بد دعا تمھیں نہیں دے سکتا۔

بیٹے کا نوحہ

بعد تیرے میرے جینے کی دعا مانگے گا کون
رات بھر میرے سرہانے بیٹھ کر جاگے گا کون

اتنے دن کے بعد بھی تیرے لیے بچہ تھا میں
لڑکھڑاتا دیکھ کر میری طرف بھاگے گا کون

کون دے گا آگ کو اِسپند میرے نام کی
بارِ منّت کے علَم کی چوب پر ٹانگے گا کون

جب ستائے گی بہت مجھ کر زمستانی ہوا
اپنے بالوں سے دُلائی کو مری تاگے گا کون

کون ستّی ہوگا اب میرے دُکھوں کی آگ پر
درد کی دہلیز اب میرے لیے لانگے گا کون

سوگئی باؔقر تری ماں خود اندھیری قبر میں
تیری راتوں کے لیے اب چاندنی مانگے گا کون

○

(باقر نقوی)

’’انا کا پندار‘‘

جمیل الدین عالی
(کراچی)

اردو غزل ان الزامات سے تو کبھی کی بری ہو چکی کہ وہ محض کلاسیکی روایات کی اسیر ہے... کہ وہ جدید حسیات مثلاً زوالیت کے خلاف احتجاج اور انقلابی کش مکش کو اپنے سانچے میں رکھتے ہوئے بھرپور جمالیات کے ساتھ ظاہر نہیں کرسکتی۔ فیض صاحب تو کلاسیکی لفظیات سے استفادہ کرتے ہوئے بھی بڑے بڑے معترضین کے منہ بند کر گئے ہیں، آج ایک پوری اور بڑی طاقتور قطار ہے ایسے غزل گویوں کی جو مستند شعری جمالیات کے راستے بھی تغیر کی طرف بڑھتے اور بڑھاتے ہیں، اُن میں ’’تازہ ہوا‘‘، جو لندن سے آرہی ہے، ایک چونکا دینے والے اضافے کا تحفہ لا رہی ہے۔

مجھ جیسے پرانے چاول کے لیے جو سکہ بند نقاد بھی نہ ہو کسی ’’نئے‘‘ شاعر کے شعری مجموعے پر رائے زنی بڑا مشکل کام ہے۔ شعر کے معاملے میں میرا تقریباً ہر وقت رواں نثری قلم اپنی بے بضاعتی کے دباؤ سے کانپنے لگتا ہے، میری تربیت اور عادت آہ اور واہ کی اظہاری حدود سے گتھی ہوئی ہے جن سے میں بڑے داخلی اور خارجی تقاضوں کے باوجود نکل نہیں پاتا۔ شاید اس لیے بھی مجھے اس وقت تک شعر پر ’’نقد و نظر‘‘ کو اپنا ذیلی پیشہ یا شیوہ بنانے کی فرصت نہیں مل سکی ہے۔

سچ کہ ’’تازہ ہوا‘‘ ایک ذمہ دارانہ تبصرہ مانگتی ہے خواہ وہ فلیپ کی صورت میں کیوں نہ ہو۔ اس کے وہ شعر جو نمونے کے طور پر میری نظر سے گزرے (اور نہ جانے پورے مجموعے میں کیا کچھ ہو) ایک بڑے جان دار لہجے کی نشان دہی کرتے ہیں، سانچے وہی قافیہ ردیف کچھ پرانی لفظیات بھی، مگر بیشتر مصرعے گرج گرج کر اپنی زبان بولتے ہیں:

زمیں کی جنگ چھڑے گی اب آسمانوں میں

میں باقر نقوی سے معمولی سی بھی واقفیت کا دعویٰ یا اعتراف نہیں کر سکتا۔ انھیں لندن میں ایک آدھ مرتبہ سنا ہو گا وہ بھی رواروی میں۔ لیکن اُن کی جو غزلیں مجھ تک پہنچی ہیں انھیں ایک اہم احتجاجی شاعر ہی نہیں ایک بڑا امکان تسلیم کرنے پر مجبور کر رہی ہیں (معذرت کہ میں شعرائے اردو مقیم مغرب کی پی آر مہمات یا تنازعات میں شریک نہیں ہوا کرتا... تا حال مجھے وہاں روٹی کپڑا مکان... اور ایک شام... اُن کی مہربانی کے بغیر دوسرے احباب کی قدر دانی سے مل جاتے ہیں۔ یوں بھی ایسے موقعے پر کوئی صیغۂ مبالغہ استعمال کرنا ایک اچھے قاری کو شاعر کی طرف سے شبہے میں ڈال سکتا ہے)۔

آیئے شعروں کے انتخاب سے شاعر کی... اور چاہیں تو میرے دعوؤں کی... رسوائی یا پذیرائی ہو جائے۔ بعض غزلیں مسلسل نہ ہونے کے باوجود وحدتِ تاثر کے سبب مسلسل لگتی ہیں، ان سے ایک دو شعر کا انتخاب نامناسب ہو گا مگر اس وقت میرے لیے ناگزیر ہے۔

شہر کا لفظ پچھلے بیس برس میں اتنا مجروح کر دیا گیا ہے کہ اس کی معنویت اور حیثیت بگڑ چکی ہے مگر باقر نقوی نے ایک پوری غزل کی ردیف میں لا کر بھی زندہ و تازہ رکھا ہے۔

ناراض ہو کے رات کی پریاں کدھر گئیں
کیوں اِس قدر اُداس سویرا ہے شہر میں
یہ کیا ہوا کہ رنگ سے عاری ہوئے ہیں پھول
بے رنگ تتلیوں کا بسیرا ہے شہر میں
ہر جزر و مد کے ساتھ بدلتا ہے اپنا رُخ
جیسی ہوا ہے ویسا ہی دریا ہے شہر میں

اور کیا یہ شعر کسی بے بسی کا مظہر ہے؟ اے اہلِ ذوق یہ سب کا امتحان ہے۔ دیکھو یہ بات کتنی دُور تک جاتی ہے:

کوئی پوچھے جو کبھی گھر تو اسے گھر کہہ لیں
اور ہم اِن در و دیوار سے کیا مانگتے ہیں

اس غزل میں ایک شعر تمام پرانی علامتوں کے باوجود ایک آہنگ ہو کر اُبھرتا ہے۔ پرانی لفظیات مضبوط ہاتھوں میں آ کر توانا ہو جاتی ہیں۔

کتنے بھولے ہیں ترے شہر کے زخمی پیکر
جو مسیحاؤں کے قاتل سے دوا مانگتے ہیں

فرازِ دار کا ایک مرکب فیضؔ اور مجروحؔ سے منسوب ہے۔ باقر نقوی ان سے متاثر ہوا ہو گا (اور خود یہ حضرات بھی اپنے پیش رووں سے متاثر ہوئے تھے... اور کون اپنے پیش رووں سے متاثر نہیں ہوتا) لیکن ایک اصطلاح اپنی بنائی اس کی معنیاتی وسعت میں طبقاتی کش مکش کی کہانی واضح تر ہے۔

فرازِ عدل پہ حکام بے ادب دیکھے
گناہگار عجب، فیصلے عجب دیکھے

اس غزل میں ایک اور کہانی... جب کش مکشوں اور قربانیوں کو عارضی سہی بڑی بڑی دل دوز غیر متوقع ناکامیوں سے دوچار ہونا پڑتا ہے... یہ داغ داغ اُجالا... پرانی اور تازہ کہانی... لیکن اپنی زبانی...

اگر ہمیں اسی مرکز پہ لوٹ آنا تھا
تو سارے خواب بھی کیا ہم نے بے سبب دیکھے

نہیں... میں اپنی بے بضاعتی اور کم فرصتی میں ایسے دکھوں میں ڈوبے ہوئے

غضب ناک اور تہ دار غزل گو پر کوئی تسلی بخش گفتگو نہیں کر سکتا۔ مجھے دوسرے کے بارے میں ژولیدہ بیانی، مبہم بے معنی یا ہم معنی expression پسند نہیں۔ سیدھی سادی زبان میں یہ شاعر مجھے انقلاب کا تجزیہ نگار...اور پُر اعتماد پیشین گو لگتا ہے۔ آنے والے ناگزیر کی طرف ڈھکی چھپی ایمائیت کے ساتھ نہیں (گو وہ بھی ایک بڑا مقام ہے) پوری قوت کے ساتھ طاقتور لفظوں کے پرچم ہلا ہلا کر اشارے کرتا ہے۔

اب کے نظر آتے ہیں عجب پیاسوں کے تیور
پانی نہ ملے گا تو پیالہ نہ رہے گا
بے کار زمینوں کو نگل جاتے ہیں جنگل
روکو گے مسافر کو تو رستہ نہ رہے گا

ہاں ایک پرانا چاول سر گشتۂ خمارِ رسوم و قیود ہی رہے گا، اتنے خراجِ تحسین کے ساتھ ایک اور بات کہنے کو جی چاہ رہا ہے...اگر باقر نقوی کے جواہرِ بیان لفظیاتی تہذیب و ترتیب کی خراد پر کچھ اور چھل جائیں تو زیادہ اچھے لگیں گے اور زیادہ کاٹ بھی کریں گے۔

اکثر شعرا کے لیے انگلستان کے قیام میں کئی خوبیاں بھی ہیں مگر ایک کمی بھی، وہ کمی رفتہ رفتہ پوری ہوتی جاتی ہے لیکن تا حال موجود ضرور ہے...اور وہ ہے خوش نیت فاضل اہلِ نظر کا مسلسل inter-action نہ ہونا۔ ایسا inter-action بالآخر ایک غیر محسوس مگر دُور رس خود تنقیدی کے مواقع اور ماحول فراہم کرتا رہتا ہے اور classy شعرا تو پاک و ہند، آ آ کر ایسی صحبتوں میں ایک لازمے کے طور پر وقت گزارتے رہے ہیں، باقر نقوی ایک classy شاعر ہونے کے بڑے امکان رکھتا ہے، نہ جانے اس کی کیا عمر ہے، کیا پیشہ ہے، وہ اپنے وطن میں کیوں نہیں رہتا...انگلستان میں اردو شاعری کم زور نہیں لیکن اگر وہاں مستقل رہنے والے اردو شعرا چند برس اور پاک و ہند کے اردو ماحول کے دریاؤں میں غوطے کھاتے رہیں تو بہت خوب صورت تیریں گے۔

ایک بار پھر چند شعر سامنے آتے ہیں اور باقر نقوی کے امکانات ہی نہیں (مجھے تواتر استعمالِ "امکانات" پر کوئی افسوس نہیں) بلکہ اس کے "منفرد" کمالات بھی دکھاتے ہیں، تلخیوں، تنبیہوں، عزائم کا ایک دھارا ہے جو تیز بہہ بہہ کر پھیل رہا ہے:

اُگے نہ موت زمین پر تو اور کیا ہوگا
کہ بیج زہر کے بانٹے گئے کسانوں میں
کچھ اور تازہ رنگ بھروں کائنات میں
اے جذبۂ خیال نئے پر لگا مجھے
جاری ہو نغمہ حیات تارِ رباب کچھ تو بول
کب سے ہے منتظر بہار، میرے گلاب کچھ تو بول

یہ آدمی غزل میں انسانی جد و جہد کی تاریخ کیسی دل میں اُتر جانے والی اور حوصلہ بڑھانے والی تبلیغ کے ساتھ بیان کرتا ہے:

کمال پانیوں کا تھا کہ راستے بنا لیے
ندی کی راہ میں مہیب کوہسار کب نہ تھا

یہ آدمی کس چیلنج کے ساتھ میدان مانگتا ہے:

یہ کیا کہ اک اُڑان ہی میں کٹ گئیں مسافتیں
عطا کیے ہیں بال و پر تو ہم کو آسماں بھی دے

یہ آدمی غزل کی مخصوص جمالیات میں انقلاب کے آداب کس اعتماد، کس دانش کے ساتھ بناتا ہے۔

سبک سری میں بھی اندیشۂ ہوا رکھنا
سلگ اُٹھے ہو تو جلنے کا حوصلہ رکھنا

اور اس غزل میں دوسرے عجیب عجیب رنگ بھی ہیں۔ ہماری پرانی زبان میں کس قادر الکلامی کے ساتھ... کس قدر تلخ... کتنی سچائی کے ساتھ تلخ ہو جاتا ہے:

یہ زینتیں بھی عجب ہیں یہ سادگی بھی عجیب
ریا کے سارے ہنر جسم پر سجا رکھنا
نہ جانے کون سا کس وقت کام آ جائے
سو ایک جیب میں بت ایک میں خدا رکھنا

اور اس گھٹن میں اوّلیت کس مطالبے کو دیتا ہے:

پھول ہم نے کبھی مانگے نہ صبا مانگتے ہیں
ہم تو جینے کے لیے تازہ ہوا مانگتے ہیں

اور اس جبر و جور پر کیسے سوال کرتا ہے، ایسے سوال ازل سے اب تک ہوئے ہیں اور ہوتے رہیں گے سو اس نے بھی کیے...مگر اپنی زبان میں... اپنے طنطنے کے ساتھ:

تو خدا ہے تو ہمیں بھی ہے اَنا کا پندار
حق سمجھتے ہیں جو ہم تجھ سے دعا مانگتے ہیں
جسم پہ لگ رہے ہیں زخم نیزۂ اعتبار کے
اے مرے ہوش کچھ تو کہہ، اے مرے خواب کچھ تو بول
نہ جانے کب سے ہم پہ قرض ہے جنوں کی داستاں
سلیقۂ بیاں دیا تو اب ہمیں زباں بھی دے
لگاؤ دوستو دلوں میں ایسے آگہی کی آگ
جو گرم جسم کو رکھے کبھی کبھی دھواں بھی دے

کاش جب یہ پوری کتاب آئے تو میں اس پر کچھ لکھ سکوں۔ ایسے کاٹ دار لہجے کا شاعر جب پورے قد و قامت کے ساتھ سامنے آ کر آواز لگاتا ہے تو...تو بڑے بڑے پہاڑ ہل جاتے ہیں۔ فی الحال تو میں ممنون ہوں عاشور کاظمی کا کہ باقر نقوی سے اتنا ہی تعارف کرا دیا۔

☆

’’شجر کے نشاں‘‘

سید عاشور کاظمی

(●)

بیساکھیوں کے ذکر سے یہ مراد قطعی نہیں کہ کتابوں پر جو دیباچے یا پیش لفظ لکھے جاتے ہیں، وہ سارے کے سارے بیساکھیاں ہوتے ہیں۔ کتابوں پر دیباچے یا پیش لفظ لکھنے کا رواج قدیم بھی ہے اور مستحسن بھی لیکن حیرت وہاں ہوتی ہے کہ ایک صحیح اور genuine لکھنے والے پر تعارف، پیش لفظ یا دیباچہ لکھنے کی مخلصانہ درخواست تو ردّی کی ٹوکری میں پھینک دی جاتی ہے اور ادبی نابالغوں کو حقیقی لکھنے والوں پر فوقیت دلانے کی کوشش کی جاتی ہے۔ کتابوں پر دیباچوں کا رواج اس لیے مستحسن ہے کہ بالغ نظر ناقدین کتاب میں شامل تخلیقات پر نظر ڈال کر اس کے محاسن پر روشنی ڈالیں تو اس سے لکھنے والے کا حوصلہ اور کتاب کا وقار بڑھتا ہے اور کم زوریوں کی نشان دہی (دیانت دارانہ تنقید، تنقیص نہیں) سے لکھنے والے کی رہنمائی ہوتی ہے۔ مگر ہو یہ رہا ہے کہ تجارت کے اس دور میں کچھ تاجروں نے مخلص اور بے لاگ تبصرہ یا نئے لکھنے والوں کی حوصلہ افزائی کرنے والوں کی آبرو کو بھی خطرے میں ڈال دیا ہے۔ اب آدمی کس کس کو بتائے کہ تجارت کے اس دور میں بھی پروفیسر قمر رئیس، پروفیسر عقیل رضوی، ڈاکٹر نثار احمد فاروقی، ڈاکٹر خلیق انجم، شوکت صدیقی اور ایسے بہت سے دانشور ہیں جو حرف کی تجارت نہیں کرتے۔ مذکورہ بالا اور انہیں کی طرح کے دوسرے صاحب الرائے اہلِ قلم کی عظمت اور احترام کے نام پر تجارت پیشہ بیساکھی فروش بزرگوں سے فی الحال بڑے ادب سے گزارش کی جاتی ہے کہ کم از کم مغرب میں آباد اردو کے قارئین کو ناسمجھ اور کور ذوق نہ سمجھیں۔ مغرب میں اردو کے قاری کے سامنے ان کے چہرے بھی بے نقاب ہیں اور ان کی بیساکھیوں کے خریداروں کے بھی۔ لہٰذا یہاں یہ دھاندلی اب زیادہ دیر نہیں چلے گی۔

باقر نقوی ایسا قلندر اور بے باک شاعر ہے کہ جس نے کبھی بیساکھیوں کا سہارا لینے کی کوشش نہیں کی۔ شاید اس لیے کہ وہ معذور ومحتاج نہیں اور باقر کو اس کا ادراک بھی ہے۔ انہیں راتوں رات شہرت کی تمنا بھی نہیں۔ حقیقی فن کار شہرت یا گم نامی کے دائروں سے باہر رہ کر تخلیق کرتا ہے۔ باقر کو تو اس کی فکر بھی نہیں ہوتی کہ ان کی کتاب کب چھپے گی، کیسے چھپے گی یا نہیں چھپے گی۔

’’تازہ ہوا‘‘ کے پیش لفظ میں لکھ چکا ہوں کہ پروفیسر عقیل رضوی ویٹو نہ کرتے تو نجانے اور کتنے دن مسودہ مجھے نہ ملتا۔ ’’تازہ ہوا‘‘ کے بعد یہی طے تھا کہ باقر جب کوئی غزل کہیں گے تو اس کی ایک نقل مجھے پہنچاتے رہیں گے۔ ’’تازہ ہوا‘‘ ۱۹۸۸ء میں شائع ہوئی لیکن اس میں ۱۹۸۵ء تک کا کلام شامل کیا تھا۔ باقر نقوی نے یہ نہیں پوچھا کہ کیوں؟ اب ’’مٹھی بھر تارے‘‘ میں جون ۱۹۹۱ء تک کا کلام شامل کر رہا ہوں تو باقر کو کوئی پریشانی نہیں۔ سچ پوچھیے تو انہیں یہ بھی معلوم نہیں کہ ان کی کون سی غزل کتاب میں آ رہی ہے اور کون سی نہیں۔ یہ بے نیازی اسی میں آتی ہے جو خود کو محفوظ سمجھتا ہو۔ میں باقر کی شاعری پر ’’تازہ ہوا‘‘ میں اپنی رائے پیش کر چکا ہوں۔ اب صرف یہ دیکھنا ہے کہ باقر کا نقشِ ثانی اوّل سے بہتر ہے کہ نہیں۔ باقر کی شاعری میں ابتدا ہی سے زمانے کی روز بہ روز بدلتی صورت حال کا ادراک ملتا ہے، البتہ اب یہ لے تیز ہو گئی ہے۔ غزل کی کلاسیکی روایات سے مسلسل مربوط رہنے کے باوجود باقر الفاظ کو کلاسیکی معنوں کے علاوہ جدید معنی میں بھی اس چابک دستی سے استعمال کرتے ہیں کہ ان کی شاعری ایسا آئینہ بن جاتی ہے جس میں اس دور کے عالمی ماحول کی شکل نظر آ جاتی ہے جس دور میں شعر کہا گیا ہو۔۔۔ دیکھیے دائیں سے بائیں بازو کی نعرے بازی کا تجزیہ:

سبز قلم کے ہاتھوں سے جنگل تحریر ہوئے
سرخ ہواؤں کے ہاتھوں صحرا تعمیر ہوئے

۱۹۸۸ء کے وسط میں امریکا بہادر کی فوجِ ظفر موج نے ایران کا ایک مسافر بردار طیارہ مار گرایا تھا جس میں سیکڑوں بے قصور مرد، عورتیں اور بچے لقمۂ اجل بن گئے تھے۔ اب ملاحظہ کیجیے باقر نقوی کی غزل کا مطلع، جو جولائی ۱۹۸۸ء میں کہی گئی:

محفوظ اب رہے نہ پرندے ہوا میں بھی
ہونے لگے شکار مسافر فضا میں بھی

ظلم و جبر، سیاسی استحصال، طاقت کا بے جا استعمال یا عدم توازن ایسے موضوعات ہیں کہ ان پر قلم نہ اٹھانا بے حسی یا بے غیرتی کے زمرے میں آتا ہے اور ان موضوعات پر لکھنے بیٹھیے تو (خصوصاً شاعری کے حوالے سے) غزل کی روایت کا دامن ہاتھ سے نکلتا دکھائی دیتا ہے اور بات نعرے بازی تک پہنچ جاتی ہے یا پھر سیاسی تناظر کا احاطہ نہیں ہو پاتا۔ باقر نقوی ان شعرا میں شامل ہیں جنہیں غزل میں بات کہنے کا سلیقہ اور ہنر آتا ہے، مثلاً گزشتہ دو برسوں (۱۹۹۰ء اور ۱۹۹۱ء) کے واقعات پر نظر ڈالیے تو اندازہ ہوتا ہے کہ دنیا میں بڑی تیزی کے ساتھ حیران کن تبدیلیاں آئی ہیں۔ خاص طور پر مشرقِ وسطیٰ کی صورتِ حال نے تو سیاسی اقدار کا نقشہ ہی بدل دیا ہے۔ دیکھیے باقر نقوی ان تلخ حقائق کو غزل کی زبان میں کیسے کہتے ہیں:

ہو رہے ہیں جمع میرے مہرباں اِک بار پھر
میری ہی بستی سے اٹھے گا دھواں اِک بار پھر

یہ مانا کچھ مکینوں کا چلن اچھا نہیں، لیکن

در و دیوار کو اس کی سزا اچھی نہیں لگتی

آزادی کی مانگ میں افشاں بن کے چمکے گی
خاکِ فلسطین و افریقا، آج نہیں تو کل

اِک ہاتھ، ایک پاؤں کا پھر ہے مطالبہ
اب تک دیے تھے ہم نے جو تاوان کیا ہوئے

عجیب چال چلے اب کی بار بردہ فروش
غریب بک بھی گئے اور دام بھی نہ ملے

آزادی پر پابندیاں، افراد پر ہوں یا اقوام پر، باقر اس کے خلاف ہیں، اور اگر آزادی فکر ونظر اور آزادی اظہار وگفتار کے پرچم برداروں کی طرف سے کوئی قدغن لگے تو باقر چیخ پڑتے ہیں:

قہر ہوتا ہے سکوں بھی گر زباں بندی سے ہو
ہم کو ہے منظور فتنہ بھی لبِ آزاد کا

اور سامراجی عزائم کے چہرے سے نقاب اٹھانے کا انداز دیکھئے:

کیوں نہ اِک شہر خلاؤں میں بسایا جائے
گل نیا جس کی زمینوں پہ کھلایا جائے

باقر نقوی کو استعاروں کے برتنے کا سلیقہ آتا ہے۔ جب کہ بہت سے اہلِ قلم اس بارہ دری میں رستہ بھول جاتے ہیں۔ زیادہ پرانی بات نہیں کہ ہندوستان کے ایک پیشہ ور نقاد نے اردو شاعری اور کربلا کے استعارے کے حوالے سے ایک ''جوابِ مضمون'' لکھا تھا جسے بعد میں کسی ضرورت مند کی درخواست پر کتابی شکل دے کر بیساکھی بنا دیا گیا۔ (لندن میں موصوف نے جب یہ مضمون پڑھا تو خاص طور پر اپنے میزبان کی طرف اشارہ کر کے ارشاد فرمایا، دیکھئے میں نے اس مضمون میں ستائیس صفحات ان کے لیے لکھے ہیں)۔ اس اعلانِ مبارک سے میزبان کا پیسہ وصول ہوا کہ نہیں، یہ تو وہ جانے جس پر یہ برا وقت آیا تھا، ہمیں تو صرف اتنا اندازہ ہوا کہ دانشور صاحب کربلا کے حوالہ جاتی استعمال اور استعاراتی استعمال کے مابین فرق سے واقف نہیں۔ اس لیے کہ جس کلامِ بلاغت نظام پر توصیف کا حقِ نمک ادا کیا گیا تھا اُس میں زیادہ تر کربلا کا حوالہ جاتی استعمال تھا، استعاراتی نہیں۔ میں اہلِ نظر کے توسل سے موصوف کی خدمت میں باقر نقوی کا صرف ایک شعر پیش کرتا ہوں جس میں کربلا کا استعارہ ہے۔ میرا مشورہ ہے کہ موصوف کی دکان پر کوئی نیا گاہک اسی قسم کا ''جواب مضمون'' لینے آئے تو نام کی تبدیلی کے ساتھ استعاراتی استعمال کی وضاحت بھی فرما دیں، انہیں کچھ نہیں کہا جائے گا۔ یوں بھی بڑے لوگوں کو کون کچھ کہہ سکتا ہے۔ پروفیسر نثار احمد فاروقی کچھ نہ بگاڑ سکے تو ہم کیا۔ بہرحال باقر کے اشعار دیکھئے:

ویران پشت زین ہے باگیں کٹی ہوئی
جاتا کدھر ہے وقت کا رہوار دیکھنا

استعاروں کے برتنے کی ہنرمندی ملاحظہ کیجیے:

نہروں پر قبضہ کرنے والے بے نام رہے
پیاسے ہونٹوں سے ٹھنڈا پانی منسوب ہوا

اور ایک ایسا شعر ملاحظہ فرمائیے جو بادی النظر میں خوب صورت شعر ہے لیکن اگر اسے واقعات کا استعارہ سمجھیں تو اور بھی خوب صورت ہو جاتا ہے:

محلوں کے گن گانے والا ہی محبوب ہوا
جس نے اپنا راگ الاپا وہ مصلوب ہوا

اپنی مٹی سے وفا اور اپنے وطن سے لگاؤ باقر کی ذات کا حصہ ہے۔ اسی لیے وطن کے حالات پر باقر بھی رنجیدہ ہوتے ہیں، کبھی شاکی، کبھی تلخ اور کبھی سہانے خواب دیکھنے لگتے ہیں۔ لیکن ہر کیفیت کا لب ولہجہ غزل کا ہوتا ہے:

اپنے طاق پہ ہم اوروں کے دیے جلائیں گے کب تک
دل کے لکھے گیت کسی کی تال پر گائیں گے کب تک

پہلے بھی کہہ چکا ہوں کہ باقر کے ہاں گھر وطن بھی ہے اور دنیا بھی۔ مخلوقِ خدا سے محبت کرنے والا شاعر کائنات کو بھی اپنا گھر سمجھتا ہے اور جہاں بھی حق بات کہنے کی سزا ملتی ہے، اسے محسوس ہوتا ہے، یہ المیہ اُس کے گھر میں ہوا ہے۔ اسی لیے باقر ساری دنیا کے جبر پسندوں کے خلاف ہیں اور مصلحت پسندوں سے ناخوش۔

بجلیاں کوندتی پھرتی ہیں دماغوں میں تو پھر
سانحہ ہے کہ نہیں خون کا ٹھنڈا ہونا

کائنات کو اپنا گھر اور اپنے گھر کو کائنات سمجھنے والا شاعر ہی ایسا شعر کہہ سکتا ہے جو آپ بیتی بھی ہو اور جگ بیتی بھی:

عروسِ ماہ بھی سو جائے مہر بھی نہ اٹھے
خدا کرے کہ نہ ایسی سحر کسی کو ملے

وہ اپنے اس گھر کی بقا کے لیے مزید قربانیوں کے لیے آمادہ نظر آتے ہیں:

ہم ہی ہمیشہ کام آئے ہیں، آج بھی حاضر ہیں
پھول اگر بچ جائیں کانٹوں کی قربانی سے

جو حضرات یہ کہتے ہیں کہ مغرب میں آباد اہلِ قلم اپنے گرد وپیش کے مشاہدات کو نہیں لکھتے، اُن کی نذر باقر نقوی کے چند اشعار۔ ہماری نئی نسل کو درپیش مسائل کی جھلک دیکھیے:

لہجہ وتہذیب ماضی کے ورق رہ جائیں گے
صرف شجرے تک نشاں رہ جائے گا اجداد کا

عید پر کارڈ ملیں، موت پہ پھول آتے ہیں
بوڑھے ماں باپ سے رہ جاتا ہے ناتا کیسا

تمام عمر گزر جائے جس زمیں پہ وہیں
ہماری نسل کو اذنِ قیام بھی نہ ملے

جنوب اور مشرق یعنی جنوبی ایشیا اور مغرب میں اقتصادی تفاوت کی نشان دہی غزل کی زبان میں دیکھیے:

پورب دُکھن، ناگ پھنی اور ریتیلا میدان
ہم جس بستی میں ہیں اس میں گھر گھر پھول کھلے

اور بنی نوع انسان کے دوست، انسانی دکھوں پر کڑھنے والے شاعر کو جب کسی جگہ سے متضاد خبریں ملتی ہیں تو غزل ایک نیا روپ دھار لیتی ہے:

پوچھ رہا ہے مجھ سے یہ میرے اندر کا وحشی
رام کی لیلا دیکھوں یا سجدے میں بابر دیکھوں

شام سویرے پاٹ اہنسا کے سنتا ہوں پھر بھی
کالی مائی کے ہاتھوں میں، روز نیا سر دیکھوں

میں نے ہمیشہ اردو کے قارئین کو صاحب الرائے سمجھا ہے اور اپنی رائے کا اظہار جب بھی کیا ہے تو اس احترام اور احساس کے ساتھ کیا ہے کہ ہمارے قاری ادب کی پرکھ رکھتے ہیں۔ میں نے ''مٹھی بھر تارے'' سے باقر کی رومانی شاعری کے اشعار یہاں نقل نہیں کیے ہیں، حالاں کہ ان کی رومانی شاعری میں بھی ان کے تیور الگ ہیں۔ مثلاً:

چاند کے بعد وہ چہرہ نظر آیا جیسے
ایک ہی رات میں مہتاب دوبارہ نکلے

تاہم جو اشعار بھی یہاں نقل کیے گئے ہیں، اگر ہمارے قارئین ان اشعار کو اچھے اور زندہ رہنے والے اشعار کی سند عطا کر دیتے ہیں تو بات تو ثابت ہوگئی نا کہ باقر کے ہاں شعور بھی ہے، اسلوب بھی اور ارتقا بھی۔

عام طور پر دیکھا گیا ہے کہ شاعروں کے ایک مجموعے کے بعد جب دوسرا آتا ہے تو اس میں جگالی زیادہ ہوتی ہے اور نیا پن کم۔ خیالِ خاطرِ احباب ہے ورنہ کئی نام ایسے گنوا سکتا ہوں کہ پہلے دیوان سے لے کر تیسرے چوتھے یا شاید اس سے بھی زیادہ عرصے تک شعرائے کرام جگالی میں مصروف رہے ہیں۔ لیکن باقر کا ''تازہ ہوا'' سے ''مٹھی بھر تارے'' تک کا سفر ارتقا کا سفر ہے۔ میرے قارئین اگر میرے ساتھ ہیں اور مجھ سے متفق ہیں تو آیئے مل کر کہیں:

دھن کی پجاری اس دنیا میں باقر ہی کی بات نہیں
جو بھی سچی باتیں لکھے، اس لیکھک کی جے

جلوس

خموش آنکھوں میں شہرِ بابل کے
سارے منظر اُبھر رہے ہیں
عَلَم سے ٹکرا کے ڈوبتے مہر کی شعاعیں
جھپکتی آنکھوں کے قرینوں پر
شفق کی سُرخی بکھیرتی ہیں
کشادہ رستوں پہ دونوں جانب
قطار اندر قطار
پتھر کے سر بریدہ مجسمّے ہیں
عمارتوں کے اُداس روزن
تماشبینوں کی تالیوں کو ترس رہے ہیں
سڑک کی دو رویہ کیاریوں کے
تمام پودوں تمام پھولوں کو
مست اونٹوں کے نرم پنجے کچل چکے ہیں
فضا میں رہوار کے پسینے کی بو بسی ہے
ہوا میں بارود کی ملاوٹ ہے
طبل کی دل ہلانے والی دھمک سے
سارا خموش منظر دہل رہا ہے
جلوسِ بختِ نصر رواں ہے

O

(باقر نقوی)

''جسم کی تہہ میں چھپے رنگ''

شمس الرحمٰن فاروقی
(الہ آباد، بھارت)

ہمارے دوست باقر نقوی بڑی خوبیوں کے آدمی ہیں، لیکن یہ بات تو ہم اپنے اکثر دوستوں کے بارے میں کہہ سکتے ہیں۔ باقر نقوی کو جو چیز دوسروں میں ممتاز کرتی ہے وہ یہ ہے کہ باقر صاحب متضاد خوبیوں والے آدمی ہیں۔ وہ عمدہ شاعر ہیں، انھیں مصوری اور خطاطی سے شغف ہے، وہ کسی بہت بڑی کمپنی میں کوئی بڑا اختصاصی قسم کا کام کرتے ہیں۔۔۔ اور سائنسی موضوعات پر اردو میں لکھتے ہیں۔ اس وقت شہزاد احمد کا نام یاد آنا لازمی ہے، کہ وہ بھی بہت عمدہ، صاحبِ طرز شاعر تھے اور سائنسی موضوعات پر بھی لکھتے تھے۔ لیکن باقر نقوی کے سائنسی موضوعات ذرا متنوع ہیں۔ انھیں سائنس کی تاریخ سے بھی دلچسپی ہے، ان کی ایک کتاب حیاتیاتِ خلیہ، یعنی Cell Biology پر ہے، اور ایک کتاب برقیات (Electronics) پر حال ہی میں شائع ہوئی اور اب یہ کتاب جو آپ کے ہاتھ میں ہے، ایسے موضوع پر ہے جس پر اردو تو کیا، انگریزی میں بھی بہت کم لکھا گیا ہے۔

مصنوعی ذہانت یعنی Artificial Intelligence کو عموماً اب صرف AI (اے آئی) کہا جاتا ہے۔ ''اے آئی'' اب یہ انگریزی کے مستقل لفظ کی شکل اختیار کر گیا ہے۔ میرے خیال میں مناسب ہوگا کہ ہم اردو والے بھی اسے اختیار کر لیں، کیوں کہ ''مصنوعی ذہانت'' میں ایک تکلف، تصنع یا نقلی پن کا شائبہ ہے، اور اے آئی والوں کا دعویٰ نہیں تو امید ضرور ہے کہ جب وہ اپنی منزلِ مقصود کو حاصل کر لیں گے تو ایک ایسی چیز وجود میں آئے گی جو ''حقیقی'' انسانی ذہانت سے ہرگز مختلف نہ ہوگی۔ یہ اور بات ہے کہ عام خیال یہی ہے کہ انسانی ذہانت سے مشابہ کوئی شے بنانا غیر ممکن ہے، چہ جائے کہ ایسی شے جو بالکل ہو بہو انسانی ذہانت جیسی ہو۔

باقر نقوی نے اپنی کتاب کے شروع ہی میں اس مسئلے کو اٹھایا ہے کہ ''ذہانت'' کسے کہتے ہیں؟ وہ ذہانت کو ''اختیاری یا جبلی'' اور ''غیر اختیاری'' کی شقوں میں تقسیم کرتے ہیں۔ ''اختیاری/جبلی'' ذہانت کی جو تعریف انھوں نے کی ہے اسے بڑی حد تک ''جبلتِ حیوانی'' (Animal Instinct) بھی کہا جا سکتا ہے۔ ان کا کہنا ہے کہ ''غیر اختیاری'' ذہانت صرف انسان کو عطا ہوئی ہے اور ان کے بقول یہ وہ عمل ہے ''جو دماغ کے خلیوں میں جمع معلومات کے ذخیرے (Data) کو ہنرمندی سے برتتا (manipulate) یا استعمال کرتا ہے۔۔۔'' یہ تعریف بڑی حد تک درست ہے کہ لیکن اسے ذہانت کی پوری تعریف (اگر ایسی کوئی تعریف ممکن بھی ہو) نہیں کہا جا سکتا، جیسا کہ میں ابھی واضح کروں گا۔

پہلے زمانے میں ''ذہانت'' کا لفظ ہمارے یہاں مستعمل نہ تھا، کیوں کہ ہماری اصطلاح ''عقل'' ان تمام باتوں کو محیط تھی جنھیں ہم ''ذہانت'' کے تحت سمجھتے ہیں، بلکہ یہ کہا جائے تو غلط نہ ہوگا کہ مغرب میں بھی، جہاں ''عقل'' کا وہ تصور نہیں تھا جو ہمارا ہے۔ ''مصنوعی ذہانت'' یا اے آئی کا تصور ابھی چند ہی دہائیاں پہلے ممکن ہو سکا ہے۔ ذہن یا ادراک اور تفکر اور استنباط کی قوت کو دیکارت (Descartes) نے جسم سے الگ کرنے کی جو کوشش کی تھی، اس کے نتیجے میں ''عقل'' یا ''دماغ'' یا body-mind کا وجود بڑی حد تک مشتبہ ہو گیا تھا۔ گزشتہ ایک صدی میں حیاتیات (Biology) اور طبیعیاتی حیاتیات (Biophysics) اور کیمیائی حیاتیات (Biochemistry) میں جو نئی راہیں کھلی ہیں، ان کی بدولت اور پھر کمپیوٹر کی بدولت، انسانی عقل، ذہن اور دماغ کے بارے میں بہت سے سوال اٹھے ہیں۔ ان میں سے کچھ سوالات جن پر ہمارے مصنف نے گہری نظر ڈالی ہے حسبِ ذیل ہیں: کیا مصنوعی ذہانت یا عقلِ موضوعی یا اے آئی ممکن ہے؟ کیا یہ اپنی مکمل شکل میں انسانی ذہانت کے برابر یا اس سے بڑھ کر ہو سکتی ہے؟ اگر یہ ذہانت ممکن ہے تو کیا یہ مشینی شکل میں ہوگی یا حیاتیاتی یا نامیاتی (organic) شکل میں؟

واضح رہے کہ یہ سوالات، اور اس طرح کے اور سوالات کا تعلق ہماری زندگی بلکہ اس کرۂ ارض پر ہماری آئندہ موجودگی سے بہت گہرا ہے۔ اگر اے آئی ممکن ہے اور اس طرح بھی ممکن ہے کہ وہ انسانی ذہن کے امکانات سے بھی بڑھ جائے، تو پھر ایسی قوت جن افراد یا اقوام کے پاس ہوگی وہ انسانیت اور بنی نوع انسان کے لیے بہت بڑا خطرہ پیدا کر سکتے ہیں۔ خیال رہے کہ کلونیانا (cloning) اور کلون کیے ہوئے دماغ کو بھی ایک طرح سے اے آئی کا عمل کہہ سکتے ہیں، کیوں کہ ممکن ہے کہ کلون کیے ہوئے ذی روح کو ہماری طرح کے گوشت، پوست، ہڈیوں اور عضلات کی ضرورت نہ ہو۔ باقر نقوی نے لکھا ہے کہ کلون کیے ہوئے انسانی دماغ میں وہ صفات نہ ہوں گی جو اصل دماغ میں تھیں۔ یعنی ان کے خیال میں اگر ہم نے شیکسپیئر کے دماغ کو کلون کر لیا تو کوئی ضروری نہیں کہ وہ دماغ شیکسپیئر کے ڈرامے دوبارہ لکھ دے یا شیکسپیئر جیسے ڈرامے مزید لکھ دے۔ لیکن یہ قیاس ہی ہے کیوں کہ اب تک کسی دماغ کو کلون نہیں کیا گیا ہے اور نہ کوئی مصنوعی دماغ اے آئی کے اصولوں پر بنایا گیا ہے۔ لیکن آپ یہ خیال فرمائیں کہ اگر کسی شخص میں ہٹلر، اسٹالن، نیوٹن، شیکسپیئر اور رومی کے دماغ یکجا ہوں تو وہ اس بچاری دنیا پر کیا کیا قہر ڈھا سکے گا!

جیسا کہ میں نے ابھی کہا، اے آئی کے بحثیں ابھی صرف پچاس ساٹھ برس پرانی ہیں۔ تعجب کی بات یہ ہے کہ داستانوں اور اساطیر میں جہاں ہر طرح کے ذی روح اور غیر ذی روح کثرت سے موجود ہیں، جہاں جانور کلام

کرتے ہیں اور انسان روپ بدل کر کچھ کا کچھ بن سکتا ہے، جہاں نئی سے نئی حیرت انگیز باتیں ہیں جو اس زمانے کے سائنس فکشن کو شرمندہ کرسکتی ہیں، وہاں یہ سب کچھ ہے لیکن اے آئی کا ذکر نہیں۔ ذکر کیا، شائبہ تک نہیں۔ اس کی وجہ تخیل کی ناکامی نہیں ہوسکتی۔ ایک داستان امیر حمزہ ہی میں آپ کو ٹیلی وژن، وائرلیس، ہوائی جہاز، آبدوز کشتی، طبی (یا سائنسی) طریقوں کے ذریعے بنائے ہوئے دیو قامت جانور (مثلاً ریچھ جو ہاتھی کے برابر ہے)، ایسے جانور جن کی فطرت بدل دی گئی ہے (مثلاً گوشت خور گھوڑے) اور ایسے مکان مل جائیں گے جن کی ہر منزل ایک ملک کے برابر ہے۔ جن لوگوں کا تخیل اس قدر تونگر اور قوی ہو ان کے لیے اے آئی کا تصور کچھ مشکل نہ رہا ہوگا، لہٰذا اگر داستان یا اسطور، میں اے آئی مذکور نہیں تو اس کی وجہ یہی ہوسکتی ہے کہ قبلِ جدید انسان کا ذہن اس بات کو قبول کرنے کو تیار ہی نہ تھا کہ ''ذہانت'' یا ''عقل'' خدا کی طرف سے ودیعت ہونے کے علاوہ انسان کی صناعتوں میں سے ایک صناعت بھی ہوسکتی ہے۔ اور یہ بات قابلِ لحاظ ہے کہ ہمارے افکار کی رُو سے خدا کے بغیر ''عقل'' کا تصور ممکن نہیں۔ ہمارے یہاں عقل بالقوۃ اس عمل کو کہتے ہیں جسے معقولات کا علم حاصل نہ ہو لیکن اس میں اس کے حصول کی صلاحیت ہو۔ ''عقل'' کی یہ نوع (category) باقر نقوی کی ''اختیاری/ غیر اختیاری'' ذہانتوں کی نوع سے الگ ہے۔ اس کے بعد ہمارے یہاں دوسری نوع ''عقل بالملکۃ'' ہے جو تمام بدیہی معقولات اور اوّلیات کا علم حاصل کرنے کی صلاحیت رکھتی ہے۔ اور ''عقلِ بسیط'' وہ ہے جو تمام معلومات کو متحد کر سکے۔ لیکن یہ سب عقلیں اپنی جگہ پر بے کار ہیں جب ہمارے پاس ''عقلِ مستفاد'' نہ ہو۔ یہ وہ حقیقی عقل ہے جو عالمِ بالا سے ملتی ہے اور صوفیوں کی اصطلاح میں یہ نفس کا وہ درجہ ہے جہاں نظری معقولات کا مشاہدہ ہمہ وقت ہوسکتا ہو۔ ظاہر ہے کہ اے آئی کے نظریات میں ''عالمِ بالا سے مستفاد عقل'' اور ''نظری معقولات کے ہمہ وقت مکاشفانہ مشاہدے'' کا تصور محال ہے، اور اس طرح ہمارے یہاں خدا کے بغیر، جسے عقلِ اوّلین پر بھی فوقیت حاصل ہے، عقل یا ''ذہانت'' کا تصور ناممکن ہے۔

یہ بات دلچسپ ہے کہ کمپیوٹر کا دھندلا سا تصور پرانے لوگوں کو ضرور رہا ہوگا۔ آج ہم جانتے ہیں کہ ایسے کمپیوٹر ممکن ہیں جو بیک وقت دو، چار، آٹھ، سولہ، نہیں بلکہ چونسٹھ اور اس سے بھی زیادہ عملیے (operations) بیک وقت انجام دے سکتے ہوں۔ اور اتنا ہی نہیں، ایسے کمپیوٹر بہت جلد وجود میں آ جائیں گے جن کا سارا نظام چائے کی پیالی میں بھرے ہوئے کسی محلول (solution) سے زیادہ نہ ہوگا۔ یعنی وہ محلول دراصل اطلاعی اکائیاں ہوں گی جو ہمیں محلول کی شکل میں نظر آئیں گی۔ آپ کے پاس ایک جیبی کلیدی تختہ (key board) ہوگا جسے اس نامیاتی کمپیوٹر سے بذریعہ وائرلیس منسلک کر دیا گیا ہوگا۔ پھر آپ اس تختے کی مدد سے اس کمپیوٹر سے وہ جب اطلاعات حاصل کرسکیں گے اور وہ سب کام لے سکیں گے جو کسی بڑے سے بڑے کمپیوٹر کے لیے ممکن ہوگا۔ اب غور کیجیے کہ جامِ جمشید اور کیا تھا اگر وہ کچھ اسی قسم کا کمپیوٹر نہ تھا؟ لیکن اہم بات یہ ہے کہ جامِ جمشید، یا داستانِ امیر حمزہ کے ساحروں کے پاس اس طرح کی جو دوسری اشیا تھیں، انھیں ''ذہانت'' یا ''عقل'' کا حامل کبھی نہیں قرار دیا گیا۔ لیکن ہمارے زمانے کے کمپیوٹر کی زبان میں اب ایک نئے لفظ wet ware کا اضافہ ہو گیا ہے جو دماغ کے مختلف حصوں، اور ان کے باریک ترین تاروں اور سائنپوں (synaps) کے لیے استعمال ہوتا ہے۔ یعنی کمپیوٹر کا پروگرام یا وہ شے جس پر وہ پروگرام درج کیا گیا ہو، سوفٹ ویر (soft ware) ہے، اور جو شے کہ اس سوفٹ ویر کو بروئے کار لاتی ہے وہ ہارڈ ویر (hard ware) ہے، اور حضرتِ انسان کا دماغ بھی ایک طرح کا کمپیوٹر ہے جس میں ہارڈ اور سوفٹ دونوں کو کیمیائی اور برقیاتی محلول کے ذریعے بروئے کار لایا گیا ہے لہٰذا ہم اسے ویٹ ویر wet ware کہتے ہیں۔

اس کا مطلب یہ ہے کہ کمپیوٹر والوں نے یہ طے کر لیا ہے کہ اے آئی ممکن ہے۔ اور شاید یہ بھی طے کر لیا ہے کہ (۱) انسانی دماغ ایک طرح کا کمپیوٹر ہے، یا (۲) انسانی دماغ ایک طرح کا کمپیوٹر نہ ہو، لیکن ہم جو اے آئی بنائیں گے وہ کمپیوٹر کے نمونے پر ہوگی۔ اوپر میں چائے کی پیالی میں رکھے ہوئے ''محلولی'' کمپیوٹر کا ذکر کر چکا ہوں۔ لیکن کمپیوٹر والوں کے نکالے ہوئے دو نتائج جو میں نے اوپر پیش کیے، ان میں ایک گہرا تضاد ہے۔ یہ تضاد کمپیوٹر والوں کو کبھی نظر آتا ہے اور کبھی نظر نہیں آتا۔ اس کی ایک مثال باقر نقوی نے زیرِ نظر کتاب میں ''ٹیورنگ امتحان'' (Turing Test) کے حوالے سے پیش کی ہے۔ ایلن ٹیورنگ (Alan Turing) کو کمپیوٹر نظریے اور عملی تجربات کا موجد کہا جاسکتا ہے۔ جب اس کی بنائی ہوئی حاسب مشین (Calculating Machine) ترقی کر کے کمپیوٹر کی شکل اختیار کرنے لگی تو یہ سوال بہت شد و مد سے اٹھایا گیا کہ اب انسان اور کمپیوٹر میں کیا فرق رہ گیا یا رہ جائے گا؟ اس سوال کو حل کرنے کے لیے ٹیورنگ نے اپنا ''امتحان'' ایجاد کیا، جس کی بنیاد اس بات پر تھی کہ کوئی شخص کچھ سوالات مرتب کرے۔ پھر ایک انسان اور ایک کمپیوٹر کو الگ الگ پردے میں بٹھا کر یہ سوالات ان کے سامنے رکھے جائیں۔ جج کو یہ فیصلہ کرنا ہوگا کہ جواب دینے والا وجود انسانی ہے یا مشینی؟ اگر کمپیوٹر کے جوابات کو دیکھ کر جج یہ فیصلہ کرے کہ یہ جوابات انسان نے دیے ہیں، تو ثابت ہو جائے گا کہ انسان اور کمپیوٹر مشین میں بااعتبار ''ذہانت'' کوئی فرق نہیں۔ جیسا کہ باقر نقوی نے لکھا ہے، ایک بار تو معاملہ بالکل الٹا ہو گیا کیوں کہ ایک خاتون نے ایسے تیز اور مفصل جواب دیے کہ جج کو دھوکا ہو گیا کہ جواب مشین نے دیے ہیں، انسان نے نہیں۔

دراصل ٹیورنگ امتحان اسی وقت کامیاب ہوسکتا ہے جب امتحان دہندگان میں کوئی انسان نہ ہو، صرف کمپیوٹر ہوں، اور وہ کمپیوٹر (سب یا کوئی ایک دو) جج کو باور کرا دیں کہ وہ کمپیوٹر نہیں انسان ہیں۔ ظاہر ہے کہ یہ آج تک ممکن نہیں ہوسکا ہے۔ انسانی دماغ میں کچھ کمپیوٹری صفات ہیں، لیکن کچھ ایسی ہیں جو

''انسانی'' ہی کہی جاسکتی ہیں۔ان میں ایک بہت ہی معمولی صفت یہ ہے کہ کسی غبی اور کند ذہن ترین شخص کے بھی دماغ میں بے حد یا کم وبیش بے حد معلومات کا مخزن ہوتا ہے اور فی الحال کوئی نظام ایسا نہیں جو انھیں کسی ایسے سلسلے میں پرودے جس کے ذریعے ان معلومات کو مشینی طور پر اخذ کیا جاسکے۔ باقر نقوی کا کہنا ہے کہ انسانی دماغ بھی کمپیوٹر ہی کی طرح ایک/صفر کے انتخاب اور جمع تفریق کے اصول پر عمل کرتا ہے۔ یہ معاملہ ابھی مشکوک ہے، لیکن اگر درست بھی ہو تو مندرجہ ذیل پر غور کیجیے:

زید ایک کند ذہن نوجوان ہے، اس کی عمر اٹھارہ سال کی ہے۔ آج جب وہ داڑھی بنانے کے لیے غسل خانے میں گیا تو اسے اپنا معمولی بلیڈ اور سیفٹی ریزر نظر نہ آیا۔ ڈھونڈنے پر اسے ایک چیز ملی جو بلیڈ لگے ہوئے سیفٹی ریزر سے مشابہ تھی، اگرچہ اس میں الگ سے بلیڈ ڈالنے نکالنے کی کوئی جگہ نظر نہ آتی تھی۔ اس نے بہت غور کیا اور فیصلہ کیا کہ یہ چیز بھی داڑھی بنانے کے کام آسکتی ہے۔ اپنی داڑھی اس چیز سے بنا کر اس نے پھٹکری کی وہ ٹکیہ تلاش کی جسے وہ داڑھی بنانے کے بعد منہ پر پھیرتا تھا۔ بہت تلاش کے باوجود وہ ناکام رہا۔ مایوس ہو کر وہ سوچ ہی رہا تھا کہ آج چہرے کی خراشوں کو ٹھیک کرنے کا کچھ انتظام نہ ہوسکے گا کہ اس کی نظر ایک شیشی پر پڑی جس میں کوئی خوش بودار سی رقیق چیز بھری ہوئی تھی۔ اس نے شیشی کھول کر سونگھی، اسے لگا کہ اس کی مہک میں کچھ ویسی تیزی ہے جیسی پھٹکری میں ہوتی ہے۔ اس نے شیشی سے چند بوندیں نکال کر منہ پر ملیں، اسے چھرچھراہٹ محسوس ہوئی اور اچھی مہک بھی آئی۔ اس نے سمجھ لیا کہ اس شیشی میں جو چیز ہے وہ پھٹکری کی ٹکیہ جیسا کام کرتی ہے۔

مندرجہ بالا بیان میں کئی طرح کے معاملات درج ہیں۔ان کا تعلق تجربے، حافظے، استنباطِ نتائج اور کئی طرح کے محسوسات سے ہے (چہرے کی خراشیں، خوش بو، پھٹکری کی تیزی، شیشی میں بھرے ہوئے محلول کی پیدا کردہ چھرچھراہٹ، بلیڈ کی چمک وغیرہ)۔ میرا دعویٰ ہے کہ ایسا کمپیوٹر بنانا فی الحال غیر ممکن ہے جو غبی نوجوان زید کی تمام معلومات کو محیط ہو اور داڑھی بنانے اور آفٹر شیو لگانے کے ان تمام مسائل کو زید کی طرح حل کرسکے۔

اے آئی کے نظریہ سازوں نے متعین کیا ہے کہ اے آئی کے کسی کامیاب ماڈل کو حسبِ ذیل میدانوں میں مہارت (بالقوۃ یا بالفعل) ہونی چاہیے:

(۱) حلِ مسائل (problem solving): مثلاً وہ مشہور کہانی جس میں پیاسا کوا گھڑے کی نچلی سطح سے پانی اوپر لانے کے لیے گھڑے میں کنکریاں ڈالتا ہے۔

(۲) نظریۂ بازی (game theory): مثلاً کسی کھیل میں بہترین نتیجہ حاصل کرنے کے لیے اس کے قوانین کے بہترین استعمال کی راہیں دریافت کی جائیں۔

(۳) شناختِ اشکال (pattern recognition): مثلاً دو بظاہر مشابہ لیکن دراصل مختلف اشیا کو الگ الگ پہچاننا۔

(۴) فطری زبان (natural language): یہ بظاہر سب سے سادہ لیکن دراصل شاید سب سے مشکل کام ہے، کیوں کہ کوئی زبان فطری نہیں ہوتی، اور اس اصطلاح سے مراد ہے: زبان کو ہم جس طرح ''فطری'' طریقے سے استعمال کرتے ہیں کہ لیکن زبان کے ''فطری'' طریقِ استعمال میں استعارے بیش از بیش بروئے کار آتے ہیں اور استعارہ سازی کے کوئی قائدے نہیں ہیں۔ لہٰذا ہر استعارے کا مطلب انفرادی طور پر سمجھنا پڑتا ہے، اس میں مجرد ''ذہانت'' سے زیادہ ضرورت اس بات کی ہوتی ہے کہ ہمیں زبان کے ساتھ ''فطری'' مناسبت، اور زبان کے کثیر نمونوں سے واقفیت ہو۔ کہتے ہیں کہ ایک بار ایک فرانسیسی شخص جسے انگریزی سے اچھی واقفیت تھی، انگلستان کی سیر کو گیا۔ ریل گاڑی کے سفر کے دوران وہ منظر سے لطف اندوز ہونے کی خاطر کھڑکی سے باہر جھانک رہا تھا کہ اس کے انگریز ہم سفر نے زور سے پکارا: look out فرانسیسی سمجھا کہ کوئی اچھا منظر آنے والا ہوگا اسی لیے مجھ سے کہہ رہے ہیں کہ باہر دیکھو، لہٰذا وہ گردن اور بھی باہر نکال کر جھانکنے لگا۔ انگریز نے پھر کہا: اوہ look Out!۔ فرانسیسی بچارے نے گردن اور آگے کی تھی کہ دفعتاً اس کی کھوپڑی پر زناٹے کی چوٹ لگی، کیوں کہ راستہ دونوں طرف درختوں سے گھرا ہوا تھا اور بعض شاخیں ریل کے ڈبوں کے بہت نزدیک آگئی تھیں۔ فرانسیسی نے بھنا کر انگریز سے کہا، جب باہر چوٹ لگنے کا خطرہ تھا تو آپ مجھے look out یعنی باہر جھانکنے کو کیوں کہہ رہے تھے؟ انگریز نے کہا، میں وہی تو کہہ رہا تھا کہ look out یعنی دھیان رکھیے۔ فرانسیسی بے چارہ اپنا سا منہ لے کر رہ گیا۔

بعض ماہرین کہتے ہیں کہ اے آئی کے لیے یہ سب اتنا ضروری نہیں جتنا ضروری Cybernetics یعنی انضباطیات کا گہرا شعور ہے۔ انضباطیات کا پہلا اصول یہ ہے کہ انسانی بلکہ کسی بھی نامیاتی جسم (Bio-organism) کو مشین کے ماڈل پر تصور کیا جائے۔ اس کی ایک مشہور مثال یہ قول ہے کہ ''درخت دراصل ایک پاور ہاؤس ہے'' اس طرح انسان کو بھی مختلف ٹربائن انجنوں (turbine engines) کا مجموعہ قرار دے سکتے ہیں۔ دوسرا اصول یہ ہے کہ ہر مشین کو نامیاتی جسم کے ماڈل پر تصور کیا جائے۔ ان دونوں کو ملانے سے نتیجہ نکلتا ہے کہ نامیاتی جسم اور مشینیاتی جسم میں آپسی تال میل اور تعامل ممکن ہوسکتا ہے۔ انسانی دماغ ایک Bio-organism بھی ہے اور برقیاتی مشین بھی، لہٰذا اس وقت یہ تو ممکن ہو ہی گیا ہے کہ بہت سی ایسی خفی ترین مشینیں (nano-machines) بنا لی گئی ہیں جو بہم یکجا ہو کر عقل مندوں کی طرح اپنے منصبوں کو عملیے (operation) کی شکل میں انجام دیتی ہیں۔

باقر نقوی کی کتاب میں خفی ترین ٹیکنالوجی (Nano-technology) اور اے آئی کے لیے اس کے امکانات کا ذکر ہے مثلاً یہ کہ اب کئی یونی ورسٹیوں اور کمپنیوں کے تحقیقاتی ادارے ایسے سالمے (molecules) بنانے پر قادر ہو گئے ہیں جن کے اندر بہت

سے الیکٹران یعنی برقیرے ذخیرہ کیے جاسکتے ہیں اور وہ اپنے برقی بار کو مثبت سے منفی یا منفی سے مثبت میں تبدیل کر سکتے ہیں۔ بے حد چھوٹے، بلکہ خفی ترین سے بھی چھوٹے یہ سالمے آئی کی تخلیق میں کس قدر اہم کردار ادا کریں گے اس کا اندازہ اس بات سے لگایا جاسکتا ہے کہ انسانی دماغ کے اندر کروڑوں سالمے اور سائنیپ ہیں جن کے عملیے کا سارا دارومدار مثبت اور منفی برقی لہروں پر ہے اور وہ برق کیمیائی (electro-chemical) اصولوں پر کام کرتے ہیں۔

باقر نقوی نے Fuzzy Logic پر بھی عمدہ کام کیا ہے۔ اسے وہ ''مبہم منطق'' کہتے ہیں لیکن میرے خیال میں ''دھندلی منطق'' کہنا شاید زیادہ درست ہو۔ منطق کی صفت یہی بیان کی گئی ہے کہ وہ کسی قضیے کے تمام پہلوؤں کو آئینہ کر دیتی ہے اور غیر یقینی یا غیر قطعی کلام کو چھانٹ دیتی ہے۔ اس کے برخلاف Fuzzy Logic کا اصول یہ ہے کہ کوئی چیز ''قطعی'' نہیں بلکہ ہر چیز ''قریب قریب قطعی'' ہوتی ہے۔ ہم جانتے ہیں کہ کسی شے کی قطعی، بالکل سو فی صدی درست، پیمائش ممکن نہیں۔ جیسا کہ کارل پاپر (Karl Popper) نے کہا ہے، ہم کسی شے کے بارے میں دعوے سے نہیں کہہ سکتے کہ یہ (مثلاً) بارہ انچ لمبی ہے۔ ہمارے پیمانے ابھی اتنے درست نہیں ہو سکے ہیں کہ وہ ٹھیک بارہ انچ ناپ سکیں اور اگر ہم ٹھیک بارہ انچ کی پیمائش حاصل بھی کر لیں تو یہ جان نہ سکیں گے کہ ہم وہاں پہنچ گئے ہیں کیوں ہمارے آلات پیمائش یا تو بارہ انچ سے کچھ خفی ترین کم ہوں گے یا کچھ خفی ترین زیادہ ہی ناپ سکتے ہیں۔ ایسی صورتِ حال میں Fuzzy Logic ہمارے لیے کس قدر کارآمد ہے، اس کی آسان مثال دھلائی مشین ہے جسے عمومی طور پر بتا دیا جاتا ہے کہ ''گرم پانی'' اور ''بہت گرم پانی''، ''صاف کپڑا'' اور ''گندہ کپڑا'' کن وجودوں (entities) کو کہتے ہیں۔ یعنی کسی طرح کے کپڑے کے لیے وہی پانی ''گرم'' اور کسی اور طرح کے کپڑے کے لیے وہی پانی ''بہت گرم'' ہوسکتا ہے۔ اسی طرح ''گندہ کپڑا'' اور ''صاف کپڑا'' مختلف حالات میں مشین کے لیے الگ الگ معنی رکھ سکتے ہیں۔ اس نکتے کی اہمیت اے آئی کے باب میں ظاہر ہے، کہ ہم بھی ''گرم''، ''بہت گرم''، ''خوش بودار''، ''بدبودار'' وغیرہ کے درمیان جبلی طور پر یا عقلِ حیوانی کی مدد سے فرق کرتے ہیں جو منطق سے بے بہرہ ہے۔ وٹگنشٹائن (Wittgenstein) کا قول تھا کہ انسانی زبان کی محدودیت اس سے ظاہر ہے کہ انسان ''قہوے کا ذائقہ'' بیان نہیں کر سکتا۔ لیکن دراصل یہ بات ہر طرح کے حسی تجربے یا جذباتی تجربے کے لیے کہی جا سکتی ہے۔ جب ٹینی سن نے آنسوؤں کے لیے کہا تھا کہ وہ بوسوں کی طرح ''Sweet'' ہیں:

... Sweet as those by hapless facy
feigned On lips that are for others;...

تو وہ Sweet کا ذائقہ بیان کر بھی رہا تھا اور نہیں بھی کر رہا تھا اور جب فرانسیسی سیاست داں تالیراں (Charles Maurice de Talleyrand) نے کافی کا ذائقہ حسبِ ذیل الفاظ میں بیان کیا تھا:

Black as the devil,
Hot as hell,
Pure as an angel,
Sweet as love.

تو وہ قہوے کے ذائقے سے زیادہ اپنا ذوق بیان کر رہا تھا جس میں (اس کے خیال میں) قہوے کے متضاد خواص کا بھی بیان تھا۔ یہ سب Fuzzy Logic کی مثالیں ہیں اور انسانی دماغ اس طرح کی دھندلی منطق کو بہت پسند کرتا ہے۔ لیکن افسوس کہ دھلائی مشین کے لیے ''گرم/بہت گرم''، ''گندہ/صاف'' کے درمیان فرق کرنا آسان ہے مگر کسی انتہائی ترقی یافتہ مشین کے لیے یہ ''سمجھنا'' غیر ممکن ہے کہ کوئی شے بیک وقت ''ابلیس کی طرح سیاہ'' اور ''عشق کی طرح شیریں'' بھی ہو سکتی ہے اور نمکین آنسو ان بوسوں کی طرح شیریں ہو سکتے ہیں جو ہم نے اپنے تخیل میں ان ہونٹوں پر ثبت کیے ہیں جو ہمارے لیے نہیں ہیں۔

آخر میں ایک بات ضرور کہنا چاہتا ہوں کہ ہزار کوشش کے باوجود باقر نقوی کی زبان بعض جگہ زیادہ دشوار محسوس ہوتی ہے۔ امید ہے کہ ان کی آئندہ تحریریں اور زیادہ سریع الفہم ہوں گی۔ تاہم باقر نقوی نے یہ کتاب لکھ کر ہماری زبان اور ادب اور معاشرے کے لیے ایک بڑی خدمت انجام دی ہے۔ اس کے لیے وہ مبارکباد اور شکریے کے مستحق ہیں۔

''دلگن کا شاعر''

باقر نقوی اندرونی لگن کا شاعر ہے، اس کے لیے شاعری کرنا ایک باطنی مجبوری ہے۔ بقول ژونگ کوئی بھی تخلیق کار اپنی تخلیقی اُپج سے زیادہ طاقتور نہیں ہوتا۔ وہ غزل کی کلاسیکی اور جدید روایت سے پوری طرح آشنا ہے مگر اپنی روز افزوں مصروفیتوں کے باوجود وہ شاعری کی گرفت سے کسی پہلو سے بھی آزاد نہیں ہو پاتا۔ زندگی کا ہر تجربہ اس کے لیے شاعری کا موضوع ہے۔ وہ زندگی کو کھلا سمجھتا ہے اور بھرپور زندگی گزارتا ہے، شب و روز کے دُکھوں اور سکھوں سے پوری طرح لطف اندوز ہوتے ہوئے۔

شہزاد احمد

سائنس اور کائنات

ڈاکٹر پیرزادہ قاسم
(کراچی)

کرہ ارض کے ٹھوس شکل میں موجودگی کا تخمینہ کوئی 4.5 بلین سال کا ہے۔ آپ چاہیں تو اسے زمانہ قبل از حیات (Pre Biological) عرصہ بھی کہہ سکتے ہیں۔ زندگی کے آثار پیدا ہونے سے بہت پہلے تقریباً ایک بلین سال کی مدت کا زمانہ بھی ہے جو بھرپور اور نہایت اہم کیمیائی تعملات پر مشتمل دور جانا جاتا ہے۔ جب یک سالمی نامیات حیات (Bio monomers) سے کثیر سالمی نامیات حیات (Bio Polymers) بنے اور پھر ان میں خود ترتیبی (Sell Assembly) کا عمل شروع ہوا جس کی انتہا بنیادی خلیہ (Proto Cell) سے لے کر زندگی سے پر فعال خلیے (Living Cell) پر ہوئی۔ اس طرح کہا جاسکتا ہے کہ پہلا خلیہ کوئی 3.5 بلین سال پرانا ہوسکتا ہے جبکہ قدیم ترین فوسل (3.2 بلین سال پرانا) کی نشاندہی کی جاچکی ہے۔ یک خلوی (Single Cell) حیات سے کثیر خلوی حیات (Multi Cellular) اور پھر انسان تک ارتقا کی ایک شاندار اور دلکش کہانی ہے۔ ان تمام تفصیلات سے صرف نظر کرتے ہوئے آج ہم نہایت سادگی سے خلیے کو زندگی کی اکائی کہتے ہیں اور اسی میں حیات کے جملہ راز اور تمام مظاہر نہاں اور عیاں ہیں۔ حیات انسانی کا بلیو پرنٹ (Blueprint) جس کی جانب ماہر حیاتیات جیمس واٹسن نے 1953ء میں مرکزی ترشے (DNA) کی بناوٹ اور ساخت کو بیان کرتے ہوئے اشارہ کیا، اب جون 2000ء میں طویل جدوجہد کے بعد صرف ایک سادہ ڈرافٹ کی شکل میں پیش کیا جاسکا ہے اور سپر کمپیوٹر کی مدد سے سائنس داں انسانی جینوم کا مطالعہ اور زندگی کی تشکیل اور بقا کے مسائل کو سمجھنے اور حل کرنے کی کوششیں کر رہے ہیں۔ انسانی خلیے میں موجود جینز (Genes) کی تعداد ایک اندازے کے مطابق اڑتیس ہزار سے ایک لاکھ بیس ہزار کے درمیان ہے۔ جب تمام جینز دریافت ہو جائیں گی تب شاید حیات انسانی کا بلیو پرنٹ ایک مربوط اور مکمل نقشے کی شکل میں سامنے آسکے گا۔ اس وقت شاید ہم بہتر طور پر انسانی فلاح اور حیات کی حرمت کا مفہوم سمجھ سکیں گے۔

اس موضوع یا قریب کے موضوعات پر دنیا کی بہت سی زبانوں میں بالخصوص انگریزی میں بہت سی کتابیں پیشہ وارانہ بھی اور عام فہم بھی دستیاب ہیں اور بڑی تعداد میں ہیں لیکن اردو میں سائنس کے موضوعات پر کتابیں نہ ہونے کے برابر ہیں۔ اس بات کی ضرورت محسوس کی جاتی رہی ہے کہ خالص سائنسی انداز سے ہٹ کر عام فہم اور دلچسپ انداز میں حیات انسانی کی اکائی یعنی خلیے کی ساخت، کارکردگی اور امکانات پر اردو میں بھی کوئی بنیادی اور تازہ ترین معلومات پر مشتمل کتاب ہو۔ یہ کام حیاتیاتی سائنس دانوں کے کرنے کا تھا مگر اس سلسلے میں جناب باقر نقوی نے پیش رفت کی۔ باقر نقوی ذہن رسا رکھتے ہیں۔ تخلیقی سوچ کے جوہر سے فیض یاب ہیں۔ شعر بھی کہتے ہیں اور نثر نگار بھی رواں اور پختہ کار ہیں۔ دلچسپ اور افادیت کے حامل موضوعات کی تلاش ان کا خاصہ رہی ہے۔ پیش نظر کتاب جس کا عنوان باقر نقوی نے خلیے کی دنیا (جینیات کے موضوعات) رکھا ہے، اپنے پرکشش، دلچسپ اور معلومات افزا طرز اظہار کے سبب اردو میں ایک نہایت اہم اور منفرد کوشش قرار دی جاسکتی ہے۔ یہ جدید معلومات پر مشتمل باتصویر کتاب ہے جو عام قارئین کے لیے بے حد مفید ثابت ہوگی۔ سادہ زندہ خلیے سے لے کر انسانی کلوننگ اور جین کاری جیسے تمام اہم موضوعات پر تازہ معلومات یکجا کردی گئی ہیں۔ باقر نقوی اپنی اس پیش کش پر بجا طور پر قابل ستائش اور مبارکباد کے حقدار ہیں۔

کتاب کی ابتداء جس مقدمے سے ہوئی ہے اسے باقر نقوی نے ''حمد'' کا عنوان دیا ہے جو اپنی معنویت میں منفرد ہو گیا اور میں خصوصی طور پر اسے پسندیدگی کی نظر سے دیکھتا ہوں۔ خدا، کائنات، حیات اور اس کی تشریح و ابلاغ کے لیے اب تک بہت کچھ لکھا جاچکا ہے۔ مذہبی اسکالرز، فلاسفر، شعراء، صوفیا اور سائنس دانوں نے اپنے اپنے منصب و مسلک کے تحت اس موضوع کو بیان کیا ہے اور اس کی غایت پر روشنی ڈالی ہے۔ یہ تمام کاوشیں درحقیقت خدا یا اسی حقیقت اولیٰ کے پالینے اور سمجھ لینے کے لیے ہیں۔ صدیوں کے اس فکری اور تشریحی سفر میں مذہبی اور روحانی اسکالرز تو خدا سے قریب ترین رہے لیکن فلاسفر اور شعراء اپنی علمی موشگافیوں میں کبھی بہت قریب اور کبھی بہت دور نظر آئے البتہ سائنس دانوں کی نمایاں مذہبی سوچ تسلسل کے ساتھ یہی رہی کہ سائنس بلا شرکت غیرے یہ صلاحیت رکھتی ہے کہ وہ کائنات اور انسان دونوں کی تخلیق و تشکیل کو فیصلہ کن طور پر بیان کرسکے۔ اسے خدا، مذہب یا روحانیت کی ضرورت نہیں۔ مگر دلچسپ امر یہ ہے کہ اب صورت حال بدل رہی ہے اور اب دنیا کے کئی اہم سائنس داں یہ کہنے پر مجبور ہیں کہ ان کی تحقیقات انہیں یہ سمجھنے پر مجبور کر رہی ہیں کہ سائنس جواب تک خود کو ہی خدا سمجھے ہوئی تھی دراصل خدا کی جانب سفر یا سمت کا ایک نام یا حوالہ ہے۔ آج دنیا میں مختلف موضوعات پر کام کرنے والے اہم سائنس دانوں کی آراء ہم آواز ہو رہی ہیں اور کہہ رہی ہیں کہ اس کائنات اور انسان کے بارے میں اتفاقیت (Randomness) کا نظریہ درست نہیں بلکہ یہ سب کچھ ایک اعلیٰ اور منظم صورت حال یا Design کا متقاضی ہے۔ ان سائنس دانوں کے تجربات و نتائج نے نشاندہی کی ہے کہ ایک اعلیٰ اور نمایاں مقصدیت کائنات اور انسان کی تخلیق و تعمیر میں موجود ہے۔ اس موضوع پر بہت سی تحریریں ملتی ہیں تاہم

1994ء میں ترتیب دی ہوئی Sir. J.M Templeton کی کتاب Evidence of Purpose میں اس موضوع کا اچھا احاطہ کیا گیا ہے اور سائنس داں خالق حقیقی کی تلاش میں جن منزلوں سے گزر رہے ہیں یا گزرے ہیں اس کا اچھا احوال اس کتاب میں مل جاتا ہے۔

آج ایک جانب سائنس اور ٹیکنالوجی اپنی سرحدوں کی تنظیم نو یا تعریف نو (Redefine) کر رہی ہے اور غضب کی پیش رفت ہو رہی ہے تو دوسری جانب ہم علم و آگہی سے بیگانگی کا رویہ اپنائے ہوئے ہیں اور حصول دولت کو ہی سب کچھ سمجھ بیٹھے ہیں اور بھلا بیٹھے ہیں کہ علم ہی تو انسان کی میراث ہے۔ پھر بحثیت مسلمان ہماری عبادات کے بعد بزرگ ترین عبادت حصول علم ہی ہونا چاہیے۔ علم وحکمت سے دوری اور بے اعتنائی نے ہی ہمیں پستی میں دھکیل دیا ہے۔ قومی اور ملی تعمیر نو کے لیے تو ہمیں اپنا رشتہ ہر صورت میں علم وحکمت، تعلیم، سائنس اور ٹیکنالوجی سے ہی جوڑنا پڑے گا۔ اس منزل کی جانب جانے والے راستے سے کوئی مختصر اور آسان بغلی راہ نہیں نکلتی۔ یہ سفر راست مگر دشوار گزار ہے۔ باقر نقوی کی یہ کتاب 'خلیے کی دنیا' اسی سفر کی جانب ایک اشارہ ہے۔ مثبت، خوبصورت اور بامعنیٰ۔

''ایک جیب میں بُت ایک میں خدا''

پروفیسر سحر انصاری
(کراچی)

میرا خیال ہے دُنیا میں ہر تعلیم یافتہ فرد الفریڈ نوبیل کے نام سے واقف ہے۔ نوبیل کا پورا نام الفریڈ برنہارڈ نوبیل (۱۸۹۶ء۔۱۸۳۳ء) تھا۔ ان کا تعلق سویڈن سے تھا اور انھوں نے سائنس اور ٹیکنالوجی سے اپنی دلچسپی کے نتیجے میں ڈائنامائٹ اور دیگر آتش گیر آلات ایجاد کیے۔ ان کا مطمحِ نظر یہ تھا کہ کوہ کنی اور ارض شکنی میں سخت جاں فشانی کرنے والوں کے لیے سہولت مہیا کی جائے لیکن قابیل کی اولاد جس نے پتھر کو بھی مہلک ہتھیار بنالیا تھا، کہاں باز آتی ہے؟ ڈائنامائٹ کو تخریب کاری اور جنگ آزمائی میں استعمال کیا جانے لگا۔ نوبیل کو اپنی ایجاد کی بے وقعتی اور غلط استعمال پر شدید ملال ہوا۔ چنانچہ انھوں نے یہ وصیت کی کہ ان کے مالی اثاثوں کا فائدہ اُن اہلِ دانش کو پہنچے جنھوں نے انسان کی فلاح و بہبود کے کسی شعبے میں کارہائے نمایاں انجام دیے ہوں۔

۱۰ ردسمبر ۱۸۹۶ء کو نوبیل کا انتقال ہوا۔ اُن کے مرنے کے بعد یہ طے پایا کہ چھ شعبوں (۱) فعلیات یا طب، (۲) طبعیات، (۳) ادب، (۴) کیمیا، (۵) امن اور (۶) معاشیات میں کوئی اہم کارنامہ سرانجام دینے والی شخصیت کو ایک خطیر رقم کے ساتھ طلائی تمغا دیا جائے۔ یہ انعام نوبیل کے نام سے موسوم ہے۔ نوبیل انعامات کا اجراء ۱۹۰۱ء میں ہوا۔

سویڈش اکیڈمی آف سائنس (اسٹاک ہوم) ہر سال ۱۰ ردسمبر کو نوبیل کی برسی کے موقعے پر انعامات کا اعلان کرتی ہے۔ نوبیل انعام کی بڑی وقعت ہے ۔نوبیل انعام یافتگان کو انتہائی احترام کی نظر سے دیکھا جاتا ہے۔ دیگر شعبوں کے مقابلے میں ادب کے ضمن میں دیے جانے والے نوبیل انعام کا چرچا کچھ زیادہ ہوتا ہے۔ دوسرے کئی بار یہ شوشہ چھوڑا جاتا ہے کہ فلاں شخص کو نوبیل انعام سیاسی وجوہ کے تحت دیا گیا ہے۔ بعض نوبیل انعام یافتگان نے تو انعام واپس بھی کیے ہیں۔ ان میں بورس پاسترنک اور ژاں پال سارتر جیسے ادیب بھی شامل ہیں۔

نوبیل انعام کی تقریب شان دار طریقے سے منعقد کی جاتی ہے۔ اس موقعے پر انعام یافتہ شخصیت کو ایک خطبہ بھی پیش کرنا ہوتا ہے۔ یہ خطبہ عموماً خیالات، اسلوب اور لفظ و بیان کا شاہکار ہوتا ہے۔

اردو کے معروف شاعر اور ادیب باقر نقوی جو کئی کتابوں کے مصنف ہیں، نے یہ سوچا کہ ان خطبات کا اردو میں ترجمہ ہونا چاہیے۔ باقر نقوی صاحب اس سے قبل ''مصنوعی ذہانت'' اور ''ای ایف یو ایک تحریک'' جیسی کتابیں اردو دُنیا کو پیش کر چکے تھے۔ ان کی شاعری کا رنگ و آہنگ بھی جدا ہے۔ اُن کا یہ شعر تو عہدِ نو کی بھرپور نمائندگی کرتا ہے:

نہ جانے کون سا کس وقت کام آجائے
سو ایک جیب میں بُت ایک میں خدا رکھنا

باقر نقوی مہذب، شائستہ، ملنسار اور خوش اخلاق انسان ہیں۔ وہ اپنے فرائضِ منصبی کے ساتھ ساتھ ایسے گوشے تلاش کرتے رہتے ہیں جو انسانی معاشرے میں روشنی اور آگہی کے فروغ کا سبب بنیں۔ ان کی شاعری اور تخلیقی مصروفیت تو ان کے لیے لازمۂ حیات ہے ہی لیکن ترجمے سے بھی انھیں خاص شغف ہے۔ ہمارے یہاں ترجمے کو زیادہ اہمیت نہیں دی جاتی، حالانکہ بسا اوقات ترجمہ تخلیق سے زیادہ مشکل اور محنت طلب ہوتا ہے۔ ادبیاتِ عالم کی تاریخ میں تراجم کے بعض ایسے ادوار گزرے ہیں جن کے بغیر ادب اور زبان، علوم وفنون کی ترقی شاید اس معیار کی نہ ہوتی جو تراجم کے بعد ممکن ہوئی۔

ترجمے کی اہمیت کے پیشِ نظر بعض بین الاقوامی ادارے ترجمے پر کانفرنسیں اور سیمینار منعقد کرتے ہیں۔ ان میں یونیسکو ہمیشہ پیش پیش رہا ہے۔ چونکہ اس وقت تذکرہ نوبیل ادبیات کا ہے اس لیے یہ امر باعثِ دل چسپی ہوگا کہ خود نوبیل فاؤنڈیشن اپنے نوبیل سمپوزیم فنڈ کے ذریعے تراجم کے باب میں سمپوزیم منعقد کرتی اور اس کی روداد، کارروائی کی تفصیل کے ساتھ ان میں پیش کیے جانے والے مقالات بھی کتابی شکل میں شائع کرتی ہے۔ اس ضمن میں سویڈش اکیڈمی بھرپور تعاون کرتی ہے۔ ان اجتماعات میں علومِ انسانی، فنونِ لطیفہ اور سائنس کے موضوعات بہ طورِ خاص زیرِ بحث آتے ہیں۔ ترجمے کی زبان، اصطلاحات اور زبان وذہن کے تعلق پر عالمانہ افکار وخیالات اجاگر کیے جاتے ہیں۔

باقر نقوی کا یہ سارا شغف Labour of Love کے سوا اور کچھ نہیں۔ انھوں نے کئی علمی، سائنسی اور ادبی متون کے کامیاب ترجمے کیے ہیں۔ ان کا کوئی منصوبہ کمرشل نوعیت کا نہیں ہوتا۔ انھوں نے یہ طے کیا کہ ادب کا نوبیل انعام پانے والوں کے نوبیل خطبات کا ترجمہ کیا جائے۔ یہ خیال بجائے خود نہایت اہم لیکن جاں کاہ تھا۔ مجھ سمیت کئی دوستوں نے باقر نقوی کے اس خیال کو نہ صرف سراہا بلکہ مسلسل اصرار کرتے رہے کہ اس منصوبے کو مکمل کر کے ہی دم لیں۔

ایں کار از تو آید و مرداں چنیں کنند

کے مصداق باقر نقوی نے گویا میر تقی میر کی زبان میں مسئلہ حل کر دیا:

سب پہ جس بار نے گرانی کی
اس کو یہ ناتواں اُٹھا لایا

باقر نقوی اپنے جثے میں ناتواں دکھائی دیتے ہوں گے لیکن عزم و ارادہ اور ذہنی صلاحیتوں کے اعتبار سے وہ ہرگز ناتواں نہیں۔ میں باقر نقوی کی اس کاوش کو صمیم قلب سے کیوں سراہ رہا ہوں؟ اس کا بنیادی سبب یہ ہے کہ مجھے معلوم ہے کہ یہ خطبات بہت غور وفکر کے بعد دنیا کے بڑے ذہنوں نے عطا کیے ہیں۔ ان

کا اسلوب، ان کی فکر اور موضوعات کو ادبی لوازم کے ساتھ اردو زبان میں منتقل کر دینا آسان کام نہیں۔ اس سے قبل اس نوعیت کے بعض تراجم میری نظر سے گزرے ہیں۔ مجھے افسوس ہوا کہ مترجمین نے صحافیانہ انداز میں جیسے خبروں کا ترجمہ کرتے ہیں، ان کے ساتھ مکمل انصاف نہیں کیا۔ باقر نقوی نے اردو زبان کے کلچر کو برتتے ہوئے ان خطبات کی ادبی شان کو برقرار رکھا ہے۔ یہی ان کا کارنامہ ہے۔

باقر نقوی نے نثر کے ساتھ ساتھ نوبیل خطبات میں شامل شاعری کے بھی منظوم تراجم کیے ہیں جو بلاشبہ قابلِ ستائش ہیں۔ میں نے اس رُخ پر توجہ دینے کے بعد باقر صاحب سے گزارش کی ہے کہ عالمی سطح کے شعراء کا ایک انتخاب اپنے منظوم تراجم کے ساتھ شائع کریں گویا:

پھر ''انھیں'' دے دیا گیا ایک دیا بجھا ہوا

نوبیل ادبی خطبات کا ایک اور زاویہ اس طرح بھی اجاگر ہوتا ہے کہ انعام پانے والے ادیب اور شاعر کسی ایک زبان یا ایک ملک اور ثقافت سے تعلق نہیں رکھتے۔ ان میں اگر ایک طرف اناتول فرانس اور جارج برنرڈ شا ہیں تو دوسری طرف رابندر ناتھ ٹیگور اور ٹونی مورسین ہیں۔ گویا پورا گلوب اپنے دانش وری کی گواہی کے لیے موجود ہے۔ جرمنی کے گنتر گراس نے داستان گوئی اور قصہ نگاری کو تاریخ کے تناظر میں دیکھا اور پیش کیا ہے۔ داریوفو کا خطبہ کیسے ڈرامائی انداز میں شروع ہوتا ہے:

اگر چہ میرے ہاتھ میں کوئی جام نہیں پھر بھی میں عالی مرتبت ملکہ کرسٹینا کی یاد میں، جو ماضی میں آپ کی ملکہ تھیں، جام نوش کرنا چاہتا ہوں۔

البیئر کامیو، ونسٹن چرچل، ٹامس مان، ہنری برگساں، ٹی ایس ایلیٹ، ڈیرک والکاٹ، رڈیارڈ کپلنگ کے خطبات اپنا ایک جداگانہ فکری اور ادبی رُخ رکھتے ہیں۔ ناڈین گوڈیمر نے اپنے ہم وطن شاعر کے چند مصرعے اپنے خطبے میں درج کیے تھے ان کا خوب صورت ترجمہ باقر نقوی نے یوں کیا ہے:

ہم ادب کے متوالے/ زندگی کی وادی سے سر نکال کر گویا/ سامنے کے چہروں کو دیکھتی نگاہوں کو/ صفحہ صفحہ پڑھتے ہیں، جھانک جھانک پڑھتے ہیں/ اور یہ ہنر ہم نے/ بار بار جی کر زندگی سے سیکھا ہے

سلواتورے کازمیدو نے اپنے خطبے میں بعض نہایت بلیغ نکات بیان کیے ہیں جن پر غور و فکر اور مکالمے کی گنجائش ہے۔ وہ کہتے ہیں:

آفاقیت کا مطلب یہ بھی ہوتا ہے کہ جو کچھ پہلے نہ تھا، ایک انسان دوسرے انسان کے لیے اس کا اضافہ کرتا ہے۔

بودلیئر نے ''بدی کے پھول'' کو علامت بنایا۔ وان گو نے مصوری میں تصورِ حسن کو تبدیل کر کے رکھ دیا۔ کازمیدو بھی شاعری کے باب میں انوکھا نقطۂ نظر رکھتے ہیں:

میرے نزدیک حسن صرف مطابقت یا ہم آہنگی میں ہی نہیں بلکہ ناہمواری اور بے ڈھنگے پن میں بھی ہوتا ہے اس لیے کہ کبھی کبھی ناہمواری بھی درست شعری پیکر کا روپ بھر لیتی ہے۔

تمام نوبیل خطبات یہ اور اس طرح کے متعدد فکر انگیز مسائل سے معمور ہیں۔ ان کے مطالعے سے ہماری نئی نسل خصوصیت کے ساتھ نقد و نظر کے نئے زاویے تلاش کر سکتی ہے۔ یہ چراغ اس قدر روشن ہیں کہ ان سے متعدد ذہنوں میں اُجالے کی بنیادیں استوار کی جا سکتی ہیں۔

نوبیل ادبیات کی نسبت سے ایک اور پہلو پر بھی مجھے کچھ عرض کرنا ہے۔ اور وہ ہے نوبیل ادیبوں کے کوائف کی فراہمی۔ باقر نقوی نے جس کتاب یا کتابوں سے یہ خطبات منتخب کیے ہیں ان میں یہ کوائف شامل نہیں تھے۔ یہ ایک مکمل ریسرچ کا کام تھا جو باقر نقوی نے بڑی محنت توجہ اور دیدہ ریزی سے پایۂ تکمیل کو پہنچایا۔ یہ گویا معلومات کو ریزہ ریزہ جمع کر کے ایک شکل دینے کا مرحلہ تھا جس سے باقر نقوی بہ حسن و خوبی گزرے ہیں۔

باقر نقوی کی شخصیت کا ایک رُخ ان کی ادبی دیانت داری ہے۔ عزیز حامد مدنی کے بعد یہ دوسری مثال میرے سامنے ہے جنھوں نے متعلقہ ادارے سے اجازت حاصل کر کے ان تراجم کی اشاعت ممکن بنائی۔ اس ضمن میں باقر صاحب کو بھی مدنی صاحب کی طرح بے شمار مسائل اور دقتوں کا سامنا کرنا پڑا لیکن ایک صحت مند روایت کو اپنانے کی خاطر وہ اس منزل سے بھی سلامت روی کے ساتھ آگے بڑھ گئے۔

روایات کا باغی

باقر نقوی ایک دھیمے، خوش رُو، خوش خُو، دل آویز، مخلص اور پُرکشش انسان ہیں۔ بعض اوقات اُن کی شاعری پڑھ کر حیرت ہوتی ہے کہ ایسے مرنجاں مرنج نظر آنے والے انسان کے احساسات، فکر اور لہجے میں ایسی شدت، کاٹ اور چیزوں کے باطن میں اُتر کر انھیں سمجھنے کی ایسی زبردست بصیرت کہاں سے در آئی ہے! اُن کے اندر کا شاعر باقر نقوی ایک ایسا دلیر، پُرجوش اور روایات کا باغی انسان ہے جو معاشرتی ناہمواریوں، دولت اور مراتب کی غیر منصفانہ تقسیم اور انسان کے انسان پر ظلم اور استحصال کے خلاف صرف سوچتا ہی نہیں بلکہ اپنی اس سوچ کو زمانے بھر میں پھیلانا اور پھر اس کا مثبت نتیجہ بھی دیکھنا چاہتا ہے۔ اپنے معاشرے سے اسی گہری کمٹ منٹ کا نتیجہ ہے کہ اتنے برس وطن سے دور رہنے کے باوجود بھی باقر نقوی کی شاعری میں کہیں بھی کسی بھی قسم کی اجنبیت کا احساس نہیں ہوتا۔ وہ بلاشبہ شاعروں کی اُس نمائندہ اقلیت سے تعلق رکھتے ہیں جس کے حوالے سے کسی دور کو پہچانا اور پرکھا جاتا ہے۔

امجد اسلام امجد

"شب کے خزانے"

(باقر صاحب کے تیسرے اور چوتھے شعری نسخوں کی شبیہہ)

اقبال بھٹی (برمنگھم، یو۔کے)

○

جز اندھیرے کے نہ کچھ شب کے خزانے سے ملا — کتنا سکھ تجھ کو چراغوں کے بجھانے سے ملا
زرنگاری نہ بزرگوں کی پسند آئی مگر — کتنا زر اُن کی قباؤں کے جلانے سے ملا
دوستی کے نہیں قابل تو عداوت ہی سہی — سلسلہ کوئی تو شاہی کے گھرانے سے ملا
کس کو پہچانیے کس کس کے لیے غم کیجیے — ایک انبار درندوں کے ٹھکانے سے ملا
پائے بازار نہ گلزار نہ سونا سی زمیں — جتنا احساس ملا صرف ترانے سے ملا
سر اُٹھانا تو کبھی راس نہ آیا باقرؔ — جو بھی اعزاز ملا سر کو جھکانے سے ملا

...... ☆ ......

کھڑکیوں سے بھی اگر دھوپ نہ آئی ہوتی
ہم نے دن ہوتے ہوئے شمع جلائی ہوتی
اپنی آنکھوں کو اگر ہم بھی بچا لے جاتے
سانس لیتے ہوئے منظر سے برائی ہوتی
لوگ مرعوب بہت ہیں تری محرابوں سے
بیل ہی کوئی ستونوں پہ چڑھائی ہوتی
میری آنکھوں کے دریچوں میں سبھی رنگ اس کے
دل کی دیوار بھی کاش اُس نے سجائی ہوتی
ہم کو منظور نہ تھی قیدِ وفاداریِ شہ
ورنہ پیروں میں بھی زنجیرِ طلائی ہوتی
سارے تہوار گزر جاتے ہیں سُونے سُونے
یہ عمارت بھی کبھی تو نے سجائی ہوتی

○

یہ بھی کیا ہجر کے ماروں کی پذیرائی ہے
عطرِ مہتاب لگائے ہوئے رات آئی ہے
رُوئے ہر گل میں مجھے اُس کی شباہت آئے
پھول جھوٹے ہیں کہ جھوٹی مری بینائی ہے
جزر و مد رنگوں کے دیکھو تو پریشان نہ ہو
اُس کی آنکھوں کی سمندر سے شناسائی ہے
کم سے کم اُس سے ترا وصل اُجاگر ہوتا
وہی تصویر جو میرے لیے بنوائی ہے
یوں بھی کیا ہوتا ہے اعلان شکستِ دل کا
تجھ سے بڑھ کر تو ستم گر تری شہنائی ہے
ہے حسیں اتنا ترا شہرا کہ اس میں رہنا
ہم غریبوں کے لیے باعثِ رُسوائی ہے

○

○

دو دن سکھ سے جینا ہو تو مانو میرا کہنا　　کچے ساحل پر مت بسنا کشتی میں مت رہنا
دیکھ ہمارے ہاتھ ہیں خالی پاؤں بھی خالی خالی　　خود پہنے ہے سونا چاندی ہم کو بھی کچھ پہنا
تم بھی دیکھو ہم بھی ڈھونڈیں ملنے کے کچھ رستے　　ہم دونوں کو جانے کب تک ہے اس شہر میں رہنا
تیرا آنا جانا موسم، چھونا جیسے شبنم　　رنگ ہوں جیسے پیر کے دھوون خوشبو جیسے گہنا
پاؤں تلے کی سوکھی مٹی نعمت سمجھو باقرؔ　　اونچی نیچی لہروں پر آسان نہیں ہے بہنا

...... ☆ ......

کیسا کیسا آدمی دنیا کے مے خانے میں ہے
کوئی پیمانے کے باہر کوئی پیمانے میں ہے
ٹوٹ کر گل دان میں سجنے سے مر جاتا ہے پھول
زندگی تو شاخ پر کھلنے بکھر جانے میں ہے
کیسے کیسے رُوپ بھر لیتا ہے پانی کا بدن
کیا مزہ اے برف گرمی سے پگھل جانے میں ہے
چل گیا ہے دیکھ کیسی چال شاطر آسماں
تیرے خانے کا ستارہ اب مرے خانے میں ہے
کوئی طائر لوٹ کر پھر اپنے گھر جاتا نہیں
جانے کیسی خاصیت اس کھیت کے دانے میں ہے
راس اُسی کو آئے گی باقرؔ ہوا کی دوستی
جس کا سارا حسن خوشبو بن کے لہرانے میں ہے

○

کہاں کی لفظ گری، کیسے شاعرانہ رہے
وہ جس کو شام و سحر فکرِ آب و دانہ رہے
ڈرے گا کیا ستمِ برقِ آسمانی سے
وہ جس کا تار پہ بجلی کے آشیانہ رہے
ہے ڈھلتی عمر میں یہ غسلِ آفتابی کیا
تمام عمر تو تم زیرِ شامیانہ رہے
اُنھیں کے ہاتھ لگی شہر کی نگہبانی
جو اپنے گھر میں رہے بھی تو مجرمانہ رہے
کوئی تو زخم شکایت کے واسطے رکھوں
کوئی تو ان سے ملاقات کا بہانہ رہے
رہے گی کیا یہی اک میل جول کی صورت
مری جبیں رہے اور تیرا آستانہ رہے

○

موتی موتی رنگ (۱۹۹۷ء)

○

ہم مجبور کسانوں کو مالک آسانی دے　　نہروں سے چھٹکارا ہو، نعمت بارانی دے
ہم نے منزل منزل بوئے نئے، انوکھے بیج　　اب یہ کام مسافر کا ان سب کو پانی دے
دل میں بہتی نہریں اک اک کر کے بند ہوئیں　　کوئی ستم گر بھیج، کوئی نشتر امکانی دے
کب تک چاند کا سایہ اس کو گہن لگائے گا　　میری زمیں کو بھی سورج جیسی تابانی دے
مالک میرے شہر میں بسنے والی اک مخلوق　　صورت تو انسان کی ہے، عادت انسانی دے

...... ☆ ......

جو اہلِ شہر کے ایمان کا سبب ہوں گے
وہ معجزے مرے پروردگار کب ہوں گے

چھلکتے جام کو دیکھوں تو دل یہ سوچتا ہے
جو سیر ہوں گے وہ کیا خوش نصیب لب ہوں گے

کسے خبر تھی کہ سورج کے گھر کے چشم و چراغ
سفیرِ شام بنیں گے نقیبِ شب ہوں گے

اسی طرح سے جو ٹھہرا رہا غبار تو پھر
جو حادثے نہ ابھی تک ہوئے تھے اب ہوں گے

شکستِ شہرِ تمنا، سقوطِ وادیِ لب
یہ ظلم پہلے ہوئے تھے نہ ہم سے اب ہوں گے

تم ایسے گلشنِ ناآشنا میں ہو باقرؔ
کہ جس میں گل بھی کھلیں گے تو کم نسب ہوں گے

○

اُنھیں سے بام سجیں گے وہی سقف ہوں گے
جو سارے قریے کے اشراف کے شغف ہوں گے

نہیں ہے کل کا کوئی خوف سنگریزوں کو
اُنہیں ہو فکر جو پروردۂ صدف ہوں گے

نہ اس قدر قدِ بالا پہ اپنے ناز کرو
بلند ہوں جو زیادہ وہی ہدف ہوں گے

وہ دن بھی آئے کہ جب لڑکیوں کے ہاتھوں میں
حنا کے رنگ سجے ہوں گے اور دف ہوں گے

وہ یومِ صدق جب آئے گا، اپنے ہاتھوں میں
ہمارے اپنے ہی اعمال کے حلف ہوں گے

علیؑ کے عشق میں ہم کو یقین ہے باقرؔ
ہماری خاک کے ذرے دُرِ نجف ہوں گے

○

○

کیا کھیل ہے، ماتھا بھی وہی، در بھی وہی تھا اندر بھی وہی شخص ہے، باہر بھی وہی تھا
مے خوار بہت خوش تھے کہ ساقی ہے کوئی اور افسوس کہ مے بھی وہی، ساغر بھی وہی تھا
یوں ہی تو نہیں بنتے ہیں صحرا و بیاباں قطرہ بھی وہ، دریا بھی، سمندر بھی وہی تھا
بتلاؤ تو پھر کس کے طرف دار تھے ہاتھی پورس بھی وہی شخص سکندر بھی وہی تھا
امید بہت جس سے رکھی بت شکنی کی افسوس کہ بت بھی وہی آذر بھی وہی تھا

...... ☆ ......

چشمِ تاجر کی ضرورت ہو نہ بازار چنے
جنس وہ ہے کہ جو خود اپنا خریدار چنے
اپنا احوال بھی کچھ کوفہ و بغداد سا ہے
کیسی ساعت میں گئے شہر کے آثار چنے
کوئی کیوں وجہِ ملامت ہو کہ ہم نے خود ہی
گل، گہر چھوڑ دیے، سنگ چنے، خار چنے
کھیل یہ اپنے عمل کا ہے مقدر کا نہیں
کوئی سولی پہ چڑھے اور کوئی دربار چنے
اب نہ آ پائے گا وہ دَور کہ باقرؔ جس میں
خونِ سیّد سے کوئی شہر کی دیوار چنے

○

بغیر اِذن کوئی لفظ بولتا نہیں وہ
مگر وہ کون ہے یہ راز کھولتا نہیں وہ
تمام رات تو کرتا رہا شکایتِ شب
سحر ہوئی ہے تو کیوں آنکھ کھولتا نہیں وہ
مہک وہی ہے وہی رنگ روپ ہے پھر بھی
مرے مزاج میں اب رنگ گھولتا نہیں وہ
ہوئے ہیں منکشف اُس پر زر و جواہر یوں
اب اپنے آپ کو پھولوں میں تولتا نہیں وہ
تمہارے سامنے کیا نغمہ ریز ہو باقرؔ
کہ گرم ریت پہ شبنم تو رولتا نہیں وہ

○

بہتے پانی کی آواز (۲۰۰۴ء)

ذہانت کیا ہے

باقر نقوی

راقم کے اپنے علم اور خیال کے مطابق دنیا کی ہر ذی روح، نباتات، حیوانات، اجنہ اور انسان سب کی تکمیل، بقا اور نشو ونما کے لیے ان کا خالق ان کو اتنی ذہانت ضرور عطا کرتا ہے جس کے بغیر ان کی حیات کے تسلسل کا تصور نا ممکن ہو۔

ذہانت کی دو سطحیں ہوتی ہیں:

(۱) غیر اختیاری یا جبلّی ذہانت

غیر اختیاری ذہانت وہ جبلّت ہوتی ہے جس کے ذریعے مخلوق اپنے متعینہ دائرہ حیات میں پیدائش سے فنا کے مراحل تک لاشعوری طور پر عمل کرتی رہتی ہے۔ مثال کے طور پر نباتات کا اپنی نشو ونما کے لیے روشنی کی جانب رُخ کرنا اور روشنی کے حصول کے لیے جدو جہد کرنا، چھوئی موئی کی پتّوں کا کسی لمس کے احساس سے خود بخود سمٹ جانا، جانوروں کا خوف ناک آواز سن کر ٹھٹھک جانا یا پناہ حاصل کرنے کی کوشش کرنا اور نباتات کو کھانے سے پرہیز کرنا جو ان کی صحت کے لیے مضر ہوں، جسمانی بھوک کو مٹانے کے لیے شکار کرنا، نسل کی افزائش کے لیے اختلاط پر راضی ہونا، اپنی زندگی کی حفاظت کرنا وغیرہ۔

(۲) اختیاری ذہانت

خداوند کریم نے اختیاری ذہانت صرف اشرف المخلوقات کو عطا کی ہے جس کا دائرہ اثر غیر اختیاری ذہانت کی حدوں کے اختتام سے شروع ہوتا ہے۔ گویا خدا نے انسان کو دونوں طرح کی ذہانتوں سے نوازا ہے۔

ذہانت خلقت کے وقت قدرت کی طرف سے عطا کیا ہوا تحفہ ہوتی ہے۔ ذہانت اس عمل (Process) کو کہتے ہیں جو دماغ کے خلیوں میں جمع معلومات کے ذخیرہ data کو ہنر مندی سے برتتی (manipulate) یا استعمال کرتی ہے اور اس سے نتائج اخذ کرنے کے بعد عمل کے لیے جسم اور اس کے حواسِ خمسہ کو احکام صادر کرتی ہے۔ ان احکام کے نتیجے میں جسم دیکھتا ہے، سنتا ہے، حرکت کرتا ہے، بولتا ہے، سوچتا ہے، کسی عمل پر حالات کے مطابق ردِ عمل ظاہر کرتا ہے اور متعینہ ہدف حاصل کرنے کی کوشش کرتا ہے۔

ذہانت عطیۂ قدرت کی صورت میں ورثے میں ملتی ہے۔ ذہین ہونا یا غبی ہونا انسان کے اپنے بس کی بات نہیں ہوتی۔ کسی غبی انسان کا بچہ انتہائی ذہین بھی ہوسکتا ہے اور ذہین ماں باپ کا بچہ غبی بھی ہوسکتا ہے۔ یہ کیوں اور کیسے ہوتا ہے اس کی تفصیل کا یہ محل نہیں اس لیے کہ یہ جینیاتی مسائل ہیں اور ان کے لیے بہت کچھ بیان کرنا ہوگا سوائے اس کے کہ جینیات (Genetics) کے عمل کے ذریعے صرف والدین ہی سے نہیں پچھلی کسی نسل کی بھول بھٹکی گم گشتہ خصوصیت بھی اچانک کسی بچے میں نمودار ہوسکتی ہے۔ مثال کے طور پر سیاہ آنکھوں والے ماں اور باپ کے ہاں نیلی آنکھوں والی اولاد کی پیدائش بھی ہو سکتی ہے۔ آنکھوں کا نیلا پن پچھلی کسی پیڑھی سے گھومتا پھرتا جینیات کی تحیر خیز محرکات کی وجہ سے نمودار ہو جاتا ہے۔ اس بارے میں راقم کی کتاب ''خلیے کی دنیا'' میں جینیات اور اس کے عوامل کے بارے میں تفصیل سے بحث کی گئی ہے۔

یہ ہرگز ضروری نہیں کہ کسی سائنس دان کی اولاد بھی سائنس دان ہو، کسی مہندس کی اولاد بھی انجینئر ہو یا کسی ادیب یا شاعر کی اولاد بھی ادیب یا شاعر ہو۔ اور یہ بھی قطعاً ضروری نہیں کہ کسی عام سطح کی ذہانت رکھنے والے ماں باپ کے ہاں کوئی نابغۂ روزگار پیدا نہیں ہوسکتا۔ نیلی آنکھوں والی مثال کے مطابق یہ قطعاً ممکن ہے کہ پچھلی کسی نسل میں گزرے ہوئے کسی ذہین شخص کے وراثتی اثرات نو مولود میں اس طرح ظاہر ہوں جس کا بظاہر کوئی امکان نظر نہ آئے۔ اس کے لیے وقت کی بھی کوئی قید نہیں۔

عام الفاظ میں اگر بیان کیا جائے تو ذہانت کو ایک خراد کی (lathe) مشین کی طرح سمجھا جاسکتا ہے۔ اس مشین میں اوزار یا اشیا بنانے کی صلاحیت ہے، اس سے سیدھی سادی اور پیچ دار دونوں طرح کی چیزیں بنائی جا سکتی ہیں۔ چیزیں بنانے کے لیے خام مال درکار ہوتا ہے۔ لہٰذا جیسا خام مال ہوگا جیسا فن ہوگا اور جیسا نقشہ (design) ہوگا ویسا ہی سامان بن کر نکلے گا۔ اگر مشین کو غلط قسم کا خام مال مہیا کیا جائے گا تو غلط اور خراب اشیا بنیں گی۔ اچھا خام مال ہوگا، اچھا ڈیزائن ہوگا تو اچھے قسم کی مصنوعات حاصل ہوں گی۔ ان اعمال میں مشین کا ہنر مندی سے استعمال بھی اثر پذیر ہوگا۔ اگر مشین کو استعمال نہ کیا جائے تو کچھ دنوں بعد زنگ آلودہ ہو کر ناکارہ ہو بھی سکتی ہے۔ اگر مشین کو اس کی استطاعت سے زیادہ استعمال کیا جائے گا تو تیار ہونے والی مصنوعات کا معیار گر جائے گا اور دوسرے یا تیسرے درجے کی اشیاء تیار ہو کر نکلیں گی۔

ذہانت کی مشین کو ہنر مندی سے استعمال کرنے کے لیے اطلاعات (Information) کے خام مال کی بھی ضرورت ہوتی ہے یعنی مشاہدات اور تجربات کا وہ خزانہ جس کے اکتساب سے ذہانت کا استعمال ہوتا ہے۔ یہی وجہ ہے کہ پیدا ہوتے ہی کوئی بچہ عمارتوں کے نقشے نہیں بنانے لگتا، شعر نہیں کہنے لگتا، افسانے نہیں لکھنے لگتا یا سائنسی ایجادات نہیں کرنے لگتا۔ اس کی بنیادی وجہ یہ ہے کہ بچہ جب پیدا ہوتا ہے تو اس کے دماغ کا وہ حصہ جو اطلاعات کے گودام کا کام کرتا ہے کورے کاغذ کی طرح ہوتا ہے۔ ایک نوزائیدہ بچے کو قدرت کی جانب سے عطا کردہ جبلّت کا سب سے پہلا مظاہرہ زندہ رہنے کے لیے کچھ کھانے کی کوشش کرنا، غذا نہ ملنے کی صورت میں رونا اور اپنے غیر محفوظ ہونے کے احساس کے ردِ

عمل سے ہوتا ہے۔ اسی لیے سب سے پہلے بچہ اپنا انگوٹھا یا انگلیاں اپنے منہ میں ڈالتا ہے۔ اور اپنی حفاظت کے لیے جو کچھ بھی اس کے ہاتھ آتا ہے اس کو مضبوطی سے پکڑ لیتا ہے۔ اگر آپ کسی نوزائیدہ بچے کے ہاتھ میں اپنی انگلی دیدیں تو اس کو وہ اپنی پوری قوت سے گرفت میں لے لیتا ہے۔ جیسے جیسے بچے کی عمر میں اضافہ ہوتا جاتا ہے اس کی گرفت ڈھیلی ہوتی جاتی ہے۔ پیدا ہوتے ہی بچہ اپنی ماں کو نہیں پہچانتا سوائے اس کی خوشبو اور اُس کی آواز کے۔ اس کی قوتِ شامّہ کو جو سب سے پہلی خوشبو ملتی ہے وہ ماں کے جسم کی ہوتی ہے۔ صرف انسان ہی نہیں ہر مخلوق کے بچے پہلے پہل اپنی ماؤں کو ان کے جسم کی خوشبو ہی سے پہچانتے ہیں جو ولادت کے وقت سے بار باران کو ملتی رہتی ہے اور وہی ان کی پہلی اطلاع ہوتی ہے۔ چڑیوں کے بچوں کی پیدائش کے بعد کئی دنوں تک ان کی آنکھیں بھی نہیں کھلتیں لہٰذا ماں کی پہچان کا ذریعہ صرف اس کے جسم کی خوشبو ہی ہوتی ہے۔ ماں کے جسم کی خوشبو کے ساتھ ساتھ بچے کی قوتِ سامعہ ماں کی آواز سنتی ہے اور بار بار اسی آواز کے سننے سے اس کو ماں کی پہچان کا ایک اور ذریعہ حاصل ہوتا ہے۔

بچہ جب ذرا بڑا ہوتا ہے تو اس کی آنکھیں ماں کی صورت کو اپنے حافظے میں محفوظ کر لیتی ہیں اور اسی صورت کو بار بار دیکھنے سے اس کی عادی ہو جاتی ہیں۔ بچہ جب کسی شے کو دیکھ کر پکڑنا چاہتا ہے تو اپنا ہاتھ بڑھاتا ہے۔ پہلی کوشش میں اس کا ہاتھ اس شے تک نہیں پہنچ پاتا لہٰذا دوسری، تیسری کوشش میں وہ اپنے ہاتھ کی حرکت کو صحیح کرتا ہے اور trial and error کے عمل سے گزر کر پھر اس کو یا اسی قسم کی شے کو پہلی ہی کوشش میں پکڑنے لگتا ہے۔ ہم یہ بھی دیکھتے ہیں کہ بچہ اپنے تجربات میں اضافہ کرنے کے لیے ہر نظر آنے والی چیز غور سے دیکھتا ہے اور پھر اس کی طرف جھپٹتا ہے۔ اگر اس شے کو چھونے سے اس کا ہاتھ جل جاتا ہے یا اس کو کسی قسم کی تکلیف پہنچتی ہے تو بچہ دوبارہ اس شے کو چھونے سے پرہیز کرتا ہے اور اس وقت تک کرتا رہتا ہے جب تک کہ اس کا ذہن اس شے کا تجزیہ کرنے کے بعد یہ فیصلہ نہ کر لے کہ اس یا ایسی ہی نظر آنے والی شے کو چھونے سے کتنا نقصان ہوگا یا اس کو چھونے کا محفوظ طریقہ کیا ہونا چاہیے۔

پیدائش کے وقت بچے کے دماغ میں استعمال ہونے والا اطلاعات کا خزانہ بالکل خالی ہوتا ہے۔ جیسے جیسے بچہ بڑھتا جاتا ہے اس کے تجربات میں اضافہ ہوتا جاتا ہے اور وہ "عاقل" اور "ذہین" ہوتا جاتا ہے۔ ان مثالوں کی بنا پر ہم ایک حتمی نتیجے پر پہنچتے ہیں کہ نوزائیدہ بچہ ذہانت کی مشین کے ہوتے ہوئے بھی کسی تخلیقی عمل کے لائق نہیں ہوتا جب تک کہ وہ اپنے حواسِ خمسہ کے ذریعے اپنے دماغ کو تجربات بہم نہیں پہنچا لیتا۔ اور منطقی طور پر یہ نتیجہ بھی اخذ کر سکتے ہیں کہ بچے کے تجربات کی چکّی میں آنے والا خام مال جتنا اچھا، جتنا زیادہ ہوگا اور اس میں جتنا تنوع ہوگا، ذہانت اتنی ہی کامیاب ہوگی اور اس کی شخصیت، اس کی ذہانت، اس کے اعمال اور اس کی تخلیقات اتنی ہی رنگا رنگ اور بوقلموں ہوں گی۔

انسان کے تجربے میں آنے والے خام مال یا معلومات کی کئی قسمیں ہو سکتی ہیں مگر ہم ان کو دو بڑے حصوں میں تقسیم کر سکتے ہیں۔ (۱) بنیادی اطلاعاتی معلومات Basic Information اور (۲) تجرباتی معلومات Processed Information۔

بنیادی اطلاعاتی معلومات کی چند مثالیں:

ہلکی شے پانی پر تیرتی ہے۔۔۔ ٹھوس شے ہمیشہ اوپر سے نیچے کی طرف جاتی ہے، جب کہ ہلکی شے نیچے سے اوپر کی جانب اٹھنے کی کوشش کرتی ہے۔۔۔ آگ زمین پر گرتی ہے جب کہ دھواں اور شعلہ زمین سے آسمان کی جانب سفر کرتا ہے۔

سیّال شے بھاری ہونے کے باوجود نشیب کی طرف بہتی ہے۔۔۔ آگ ہمیشہ نقصان پہنچاتی ہے۔۔۔ گھاس سبز رنگ کی ہوتی ہے۔۔۔ پتے سبز رنگ کے ہوتے ہیں۔۔۔ ٹھنڈی آب وہوا میں رہنے والے انسان گوری رنگت کے ہوتے ہیں، گرم ممالک کے لوگ سیاہ فام ہوتے ہیں۔ وغیرہ

تجرباتی معلومات کی چند مثالیں:

بھاری شئے پانی پر تیر سکتی ہے، بشرطے کہ اس کی ہیئت کشتی جیسی ہو جس میں پانی داخل نہ ہو سکے۔

ٹھوس شے نیچے سے اوپر کی طرف جا سکتی ہے بشرط یہ کہ اس کو اوپر لے جانے کے لیے طاقت کا استعمال کیا جائے یا اس کی شکل ایسی بنائی جائے کہ فضا میں موجود ہوا اس کو زمین پر گرنے سے بچنے کے لیے سہارا دے سکے۔۔۔ قوت کے استعمال سے آگ نیچے سے اوپر کی طرف بھی جا سکتی ہے اور دھواں اوپر سے نیچے کی طرف بھی جا سکتا ہے۔۔۔ سیّال شے کو طاقت کے استعمال سے نشیب سے فراز کی طرف بہایا جا سکتا ہے۔۔۔ گھاس سبز رنگ کی ہونے کے باوجود خشک ہو کر سبز نہیں رہتی۔۔۔ آگ پر پانی ڈالا جائے تو بجھ جاتی ہے اور پھر نقصان نہیں پہنچا سکتی۔۔۔ پانی کو دیر تک آگ پر رکھا جائے تو اُڑ جاتا ہے۔۔۔ پتے موسمِ خزاں میں درجۂ حرارت کی تبدیلی کی وجہ سے پیلے ہو جاتے ہیں۔

گرم آب وہوا میں رہنے والے گوری رنگ کے بھی ہو سکتے ہیں۔

ٹھنڈی آب وہوا میں پلنے والے سیاہ فام بھی ہو سکتے ہیں۔ وغیرہ

یہاں اسی طرح کی بہت سی مثالیں دی جا سکتی ہیں مگر طوالت کی بنا پر اتنا ہی لکھ دینا کافی ہوگا کہ تجرباتی خام مال اطلاعاتی خام مال کے ہنرمندی سے برتنے یا الٹ پھیر کرنے سے بھی مل سکتا ہے اور کسی دوسرے کے تجربے کو سن کر یا دیکھ کر بھی حاصل کیا جا سکتا ہے۔ گویا معلومات صرف معلومات بھی ہو سکتی ہیں، تجربے کی صورت میں بھی ہو سکتی ہیں اور ممکنات کے تصورات کے خاکے کی صورت میں بھی۔

انسانی معلومات کا خزانہ (Information databank)

اطلاعاتی ہو یا تجرباتی سب مشاہدات اور تجربات کے ذریعے بڑھایا جا سکتا ہے،

یہی ذہانت کے استعمال میں بھی آتا ہے اور اسی کے ذریعے دماغ اور ذہن مل کر تخلیق کرتے ہیں۔ لہٰذا ہم اس نتیجے پر پہنچتے ہیں کہ تجرباتی معلومات کا خزانہ جتنا بڑا ہوگا دماغ کو اس سے تیزی سے استفادہ کرنے میں مدد ملے گی۔ خام مال میں جتنا تنوع ہوگا ذہانت اتنی ہی کامیاب نقش گری کے قابل ہوگی اور تخلیق اتنی ہی رنگا رنگ اور بوقلمونی کی حامل ہوگی اتنی ہی اعلیٰ اور حیرت انگیز ہوگی جس درجے اور جس پائے کی اور جتنی زیادہ اطلاعی و تجرباتی معلومات دماغ کے خزانے (ڈیٹا بینک) میں محفوظ ہوں گی اور ذہانت جتنی درّاک اور تیز ہوگی۔

اس کی مثال یوں بھی دی جاسکتی ہے کہ اگر انسان کے کسی بچے کو پیدا ہوتے ہی جنگل میں چھوڑ دیا جائے جہاں مہذب دنیا سے اس کا کوئی رابطہ نہ ہو تو باوجود تمام تر انسانی جبلّت اور ذہانت کے اس کا عمل اور ردِّ عمل جانوروں جیسا ہی ہوگا اس لیے کہ اس کے دماغ میں ذہانت کے استعمال کے لیے جو خام مال مہیا ہے وہ صرف اور صرف جنگل کے ماحول کا ہوگا۔ اردو بولنے والے والدین کے بچے کی پرورش اگر روسی زبان بولنے والے معاشرے میں ہوگی تو وہ اردو کے بجائے روسی زبان ہی بولے اور سمجھے گا، اس لیے کہ روسی زبان ہی ہمہ وقت اس کے کانوں کے پردے سے ٹکراتی رہی ہے۔ گویا ذہانت کی مشین اپنی تمام تر درّاکی کے باوصف وہ کچھ نہیں کرسکے گی جو انسانی یا اردو کے ماحول میں رہ کے کر سکتی ہے۔

انسان کی خلقت کے دوران اس کو جتنی ذہانت ملے اس سے زیادہ نہیں ہوسکتی، کم ہوسکتی ہے اس صورت میں کہ اس کا غلط استعمال کیا جائے۔ یہ کہنا شاید غلط ہوگا کہ انسان کوشش کرے تو اس کی ذہانت میں اضافہ ہوسکتا ہے، یا یہ کہ وہ زیادہ ذہین بچہ بن سکتا ہے۔ تجربات اور مطالعے کے ذریعے زیادہ معلومات اکٹھا کرکے انسان اپنی ذہانت کا زیادہ اور استطاعت کے مطابق درّاکانہ استعمال تو کرسکتا ہے اور بظاہر زیادہ ذہین نظر آسکتا ہے مگر اس کی بنیادی ذہانت کی مشین جو تخلیق کے دوران اس کو قدرت کی طرف سے عطا ہوئی ہے، بڑھ نہیں سکتی۔ دنیاوی اور تکنیکی مثال کے طور پر ایک موٹر کار اگر زیادہ سے زیادہ سو میل کی رفتار سے بھاگنے کی صلاحیت کے لیے بنائی گئی ہو تو اس میں خواہ کیسا اور کتنا ہی ایندھن کیوں نہ بھر دیا جائے اور کتنی ہی جسمانی کوشش کیوں نہ کی جائے وہ اپنی مقررہ رفتار سے زیادہ بھاگ نہیں سکے گی۔ اچھے ایندھن سے اس کی رفتار سبک ہوسکتی ہے آرام دہ ہوسکتی ہے، زیادہ ایندھن سے ایک وقت میں زیادہ فاصلہ طے کرسکتی ہے مگر کسی طرح بھی اپنی حدِ رفتار سے تجاویز نہیں کرسکتی۔

راقم کے علم کے مطابق انسانی ذہانت میں اضافہ نہیں ہوسکتا۔ یہ جینیات کے میدان میں موجودہ کامیابیوں سے قبل کا کُلیہ تھا اور ابھی تک ہے مگر حالات جتنی تیزی سے تبدیل ہو رہے ان کی روشنی میں یہ ممکن دکھائی دیتا ہے کہ اس وقت جب کہ جین کے ذریعے علاج ممکن ہو جائے گا اور ذہانت کی مشین بنانے والے جین اور ان کی کارکردگی کی مکمل نشاندہی ہو جائے گی، تو اس بات کا امکان ہوسکتا ہے کہ "علاج بذریعہ جین" یعنی جین تھراپی کی گولیوں یا انجکشن کے ذریعے ذہانت میں اضافے والی جین جسم میں داخل کرکے انسان یا کسی بھی مخلوق کی ذہانت میں اضافہ کیا جاسکے گا۔ بالکل اسی طرح جیسے کسی موٹر کار کے انجن میں تبدیلی کرکے اس کو زیادہ طاقتور بنا دیا جائے، ڈیزل سے چلنے والے انجن کو پٹرول سے چلنے والے انجن میں تبدیل کر دیا جائے، موجودہ انجن نکال کر اس کی جگہ اس میں زیادہ طاقتور انجمن لگا دیا جائے یا موجودہ انجن میں کسی افزائندے (booster) کے اضافے سے اسکی کارکردگی کو بہتر بنا دیا جائے۔

علاج بذریعہ جین اگرچہ ابھی اپنی ابتدائی منزلوں میں ہے مگر اس میدان میں حیرت انگیز دریافتوں کا سب سے پہلا فائدہ یہ ہوگا کہ وہ لوگ جو دماغ کی بیماریوں (پاگل پن وغیرہ) میں مبتلا ہیں، شفایاب ہوسکیں گے۔ یہ کب ممکن ہوسکے گا، اس کے بارے میں ابھی حتمی طور پر کچھ نہیں کہا جاسکتا ہے سوائے اس کے کہ اب تک اس جانب ترقی کی رفتار توقع سے زیادہ تیز جا رہی ہے۔

ذہانت انسان میں جین کے ذریعے منتقل ہوتی ہے۔ ہزاروں لاکھوں جین کے پرزوں سے حیاتین اور دوسرے مادّوں کے ذریعے جو احکامات صادر ہوتے ہیں ان ہی کی مدد سے اور دماغ کے خلیوں کے اجتماع سے ذہانت کی مشین یک جا (assemble) ہوتی ہے۔ ابھی تک کی جینیاتی دریافت کے مطابق انسان کی پیدائش کے وقت وراثت میں جین سے بنے آلۂ کارکردگی (processor) کی صورت میں صرف ذہانت ہی منتقل ہوتی ہے، خام مال یعنی والدین کی معلومات کا خزانہ منتقل نہیں ہوتا۔ یعنی تجربے اور اس کے نتیجے میں بننے والے افکار، احساسات، اشکال، مفروضے اور کیفیات وراثت میں نہیں ملتیں۔ مثال کے طور پر اگر علاّمہ اقبال کا ثانی (Clone) تیار کر بھی لیا جائے تو اس کا مزاج شاعرانہ تو ہوسکتا ہے مگر اقبالِ ثانی میں اتنی ذہانت نہیں ہوگی کہ وہ "مسجد قرطبہ" جیسی معرکتہ الآرا نظم کا خالق بن سکے۔

سائنس کے بارے میں ایک اور کلیہ یہ ہے کہ وقت گزرنے کے ساتھ ساتھ سائنس اپنے کلیات کی خود نفی کرتی جاتی ہے۔ مثال کے طور پر، کبھی سائنس کے مطابق زمین چپٹی تھی مگر اس کی نفی ہوئی اور زمین کو گول مانا جانے لگا، کبھی یہ ایک کلیہ تھا کہ سورج زمین کے گرد چکر لگاتا ہے مگر بعد میں یہ تسلیم کیا گیا کہ سورج نہیں، خود زمین سورج کے گرد گھومتی ہے۔ لہٰذا سائنس میں کچھ حرفِ آخر نہیں ہوتا۔ یہ بہت ممکن ہے کہ آگے چل کر کسی دور میں کلوننگ کی سائنس اتنی ترقی کر جائے کہ اولاد کے استقرارِ حمل کے وقت والدین کے ذہن میں موجود اطلاعات کا خزانہ بھی وراثت میں مل جایا کرے۔ اگر ایسا ہو بھی جائے تو والدین کی نوعمری میں حمل ہو جانے کی صورت میں اطلاعات کا خزانہ بھی کم ہوگا بلکہ کبھی نامکمل اور ناپختہ بھی ہوسکتا ہے۔ یہی نہیں بلکہ والدین کے اپنے تجربات کی ناپختگی، خرابی یا عیوب کی کیفیت میں حمل میں آنے والا بچہ اتنا عقیل یا کامل نہیں ہوگا جتنا کہ آگے چل کر اپنے تجربات کی بنا پر اس کے والدین ہوسکیں یا ہو جائیں گے۔

خلیہ

باقر نقوی

شاعروں کا عام طور پر خواب دیکھنے والے، خیالوں کے دشت میں سفر کرنے والے اور تقریباً بے عمل انسان سمجھا جاتا رہا ہے۔ اس لیے کہ شاعروں کی اکثریت حقیقتاً کچھ اسی طرح کی ہوتی ہے۔ مستثنیات سے قطع نظر، اس میں ہرگز شک نہیں کہ بیش تر شاعر صرف خیالی پلاؤ پکانے میں مصروف رہتے ہیں اور ماضی کے یا اپنے زمانے کے شاعروں کے خیالات، الفاظ اور ترکیبوں کی تکرار کرتے رہتے ہیں۔ پھر بھی ادب کی تاریخ اس بات کی گواہی دے گی کہ سب شاعر ایسے نہیں ہوتے۔ غالب نے کہا تھا:

آتے ہیں غیب سے یہ مضامین خیال میں
غالب صریر خامہ نوائے سروش ہے

تو یہ سچ ہے کہ سچے شاعر اکثر ایسے سچ شعر کہہ جاتے ہیں جو کبھی تو بہت تلخ حقائق کی پردہ دری کرتے ہیں اور کبھی کبھی پیشن گوئی بھی ثابت ہوتے ہیں۔ ہر دور میں ایسے سچے شاعر ملیں گے جو اس منصب پر فائز نظر آتے ہیں۔ میر، غالب، نظیر، مومن، حالی، اکبر، اقبال وغیرہ اس بات کا بین ثبوت ہیں۔

میرے خیال میں اور میری کوتاہ علمی استعداد کے مطابق اس کتاب کے موضوع پر جو شعر سب سے زیادہ بجتا ہے وہ لکھنو کے دبستان شاعری کے ایک صاحب فکر شاعر چکبست نے شاید کسی الہامی کیفیت میں ڈوبے ہوئے لمحے میں لکھا ہوگا۔

پنڈت برج نارائن چکبست نے آج سے تقریباً سو برس قبل شعر لکھا تھا:

زندگی کیا ہے عناصر میں ظہور ترتیب
موت کیا ہے انہی اجزاء کا پریشاں ہونا

اس میں کوئی شبہ نہیں، یہ ایک حقیقت ہے کہ نہ صرف زندگی بلکہ کرہ ارض پر پائی جانے والی ہر شے خواہ وہ بے جان ہو یا جان دار، کچھ عناصر کی حیرت انگیز ترتیب سے ہی وجود میں آئی ہے۔ بے جان اشیاء، جامد یعنی غیر متحرک اور جان دار اشیاء حرکت پذیر ہوتی ہیں۔ اردو زبان میں زندگی عام طور پر حرکت کی علامت سمجھی جاتی ہے۔ یعنی یہ کہ ہر وہ شے جو حرکت کرتی ہو یا کر سکتی ہو جان دار کہلاتی ہے۔

یہاں یہ سوال پیدا ہوگا کہ زندگی کیا ہے۔ زندگی کس علامت کو کہتے ہیں، اگر صرف حرکت ہی زندگی کی علامت ٹھہری تو پھر انسان کی بنائی ہوئی مشینیں اور سواریاں مثلاً بائیسکل، موٹر کار، ریل گاڑی، دخانی کشتی، ہوائی جہاز اور راکٹ سب زندہ تصور کیے جاتے۔ مگر ایسا نہیں ہے لہٰذا یہ طے ہوا کہ وہ اشیاء جو صرف کسی بیرونی دباؤ، طاقت یا زور کے بل پر ہی حرکت کریں ان کو زندہ نہیں کہا جا سکتا۔ زندہ یا زندگی کی حامل ان اشیاء کو کہا جا سکتا ہے جو کم از کم۔

☆ کس غذا پر انحصار کریں
☆ قوت حس رکھتی ہوں
☆ نشو و نما اور تغیر پذیر ہوں
☆ ان میں کیمیائی عمل (Metabolism) جاری و ساری ہو
☆ اپنی افزائش نسل کے مراحل سے گزرتی ہوں

آیئے اب دیکھتے ہیں کہ زندگی کی علامت سے مملو وہ بنیادی جز جس کو ہم خلیہ کہتے ہیں کس طرح وجود میں آیا۔

کروڑوں برس تک کرہ ارض کا جس کو ہم زمین کہتے ہیں ماحول ہائیڈروجن (Hydrogen) گیس سے بھرا ہوا تھا۔ وقت گزرنے کے ساتھ ساتھ اس گیس میں زمین کی سخت اور شدید گرم سطح سے اٹھنے والے بخارات اور کئی دوسرے اجزاء شامل ہوتے گئے۔ زمین ٹھنڈی ہوتی گئی، ماحول یا فضا کے بخارات ٹھنڈے ہونے کی وجہ سے مائع (Liquid) میں تبدیل ہوتے گئے، بھاپ بنی، بادل وجود میں آئے، شدید بارشیں شروع ہوئیں، پانی رواں ہوا، لاکھوں برس تک اسی کیفیت کی وجہ سے دریا بنے، جھیلیں وجود میں آئیں اور رفتہ رفتہ سمندر بنتے گئے۔ بادلوں میں حرکت اور ان کے آپس میں ٹکراؤ کے باعث آسمانی بجلی پیدا ہوئی۔ بجلی کی کڑک چمک اور الٹراوائلٹ تاب کاری (Ultra Voilet Radioactivity) کی وجہ سے مالیکیول (Molecule) وجود میں آئے اور پانی و مٹی کا جز بنے۔ کافی عرصے تک ان اشیاء کے ملاپ اور اس کے ردعمل سے امائینو ایسڈ (Amino Acid) اور لحمیات (Proteins) پیدا ہوئے جو دراصل زندگی کا بنیادی مصالحہ بنے۔

سارا عمل اور ردعمل کیسے ہوا اور اس کا ثبوت کیا ہے؟ اس سوال کا جواب بیسویں صدی کے سائنسدانوں نے اپنی تجربہ گاہوں میں میتھین (Methane) ایمونیا (Ammonia) ہائیڈروجن اور پانی کے محلول میں بجلی کی لہریں گزار کر امائنو ایسڈ، شکر، پروٹین اور چکنائیاں بنا کر دیا۔ یہی وہ عناصر ہیں جن کا غالباً پورا ادراک نہ رکھتے ہوئے بھی چکبست نے اپنے سو برس قبل لکھے ہوئے شعر میں کہا تھا۔ آج سائنس ہمیں بتاتی ہے کہ زندگی کے بنیادی اجزاء یہی ہیں اور ان ہی کے ملاپ اور عرصہ دراز کے ردعمل سے زندگی کے عمل کا پہلا پتھر یعنی زندہ خلیہ (Living Cell) وجود میں آیا۔

یہ سب کچھ جو اتنی آسانی سے چند جملوں میں بیان ہو گیا اتنا آسان بھی نہیں۔ یہ سب کروڑوں برس میں ہونے والے ردعمل تبدیلیوں اور ارتقاء کے

نتیجے میں ہوا جس کی تفصیل بیان کرنے کے لیے ہزاروں صفحات تو کیا کئی کتابیں لکھنی پڑیں گی جو اس کتاب کا مقصود نہیں۔ یہ سارے عوامل اور ان کی ساری تفصیلات سائنسی کتابوں میں موجود ہیں۔ یہاں تو یہ ایک چھوٹی سی تمہید اس بات کی تھی کہ جان دار خلیہ جو ایک زندہ اکائی (Organism) ہے کس طرح وجود میں آیا۔ تو دراصل خلیہ ہی اس کتاب کا مرکزی کردار ہے۔

خلیہ کیا ہے، اس کی ساخت کیسی ہے، یہ زندہ کیوں مانا جاتا ہے، اس کی زندگی کی علامات کیا ہیں اور اگر یہ زندہ ہے تو اس کی مدت حیات کیا ہے اور یہ کیسے فنا کے مراحل سے گزرے گا؟

تاریخ بتاتی ہے کہ زندہ خلیے کے وجود کو برطانیہ کے مشہور سائنسدان رابرٹ ہک (Robert Hook) نے 1865ء میں دریافت کیا تھا۔

دنیا کے سارے نباتات اور حیوانات اگر تھوڑی دیر کے لیے عمارتیں تصور کر لیے جائیں تو ان میں استعمال ہونے والی اینٹیں، گارا (Cement) لگائے جانے والے شہتیر، پلستر، رنگ و روغن سب کچھ کسی نہ کسی قسم کے خلیے کی ترتیب، تلے اوپر رکھنے، ملانے یا جوڑنے سے وجود میں آتے ہیں۔ کسی نے سچ مچ دوگنا تو نہیں مگر ایک محتاط سائنسی اندازے کے مطابق ایک انسان تقریباً تین کھرب مختلف اقسام کے زندہ خلیوں کا مجموعہ ہے جب کہ ہر خلیہ زندہ رہنے کے لیے غذا استعمال کرتا ہے، سانس لیتا ہے، بڑھتا گھٹتا ہے اور چند اقسام کے علاوہ اپنی افزائش نسل بھی کرتا ہے۔

"ہلچل ہے کیس جسم کے اندر چھپی ہوئی"

حیرت کی بات ہے کہ ہمارے اپنے وجود کے اندر یہ سب کچھ ہوتا رہتا ہے مگر نہ ہماری آنکھ یہ سب کچھ دیکھ سکتی ہے نہ ہمارے کان کچھ سنتے ہیں اور نہ ہماری قوت حس اس کو محسوس کر سکتی ہے۔ خلیہ اس قدر چھوٹا ہوتا ہے کہ اس کو نہایت طاقت ور خوردبین کے ذریعے ہی دیکھا جا سکتا ہے۔

اگر چہ یہ اس کتاب کا موضوع نہیں مگر یہاں یہ بتانا مناسب ہوگا کہ زندہ خلیے ایک طرف، کائنات کے سارے ذرات جن کو ہم بظاہر مردہ سمجھتے ہیں خود ان کے اندر ایٹم کے ذرات ہمہ وقت گردش میں رہتے ہیں۔

"رات دن گردش میں ہیں سات آسماں"

جرمنی کے دو ماہرین حیاتیات ایم۔ جے شیلڈن (M. J Sheildon) اور ٹی۔ شوان (T. Schwann) نے طاقت ور خوردبین ایجاد کر کے اس کی مدد سے تحقیق کے بعد یہ کلیہ پیش کیا کہ تمام جان دار اجسام خلیوں ہی سے بنتے ہیں، خلیہ ہی ہر جان دار کے تمام اعضا و جوارح کی ساخت اور افعال کی اکائی ہے اور یہ سارے خلیے افزائش نسل اپنی تقسیم (Cell Division) کے ذریعے کرتے ہیں۔

سائنس دان اس بات سے متفق ہیں کہ زمین پر زندگی کی علامات میں سب سے پہلے صرف ایک خلیے پر مشتمل جراثیم (Single Cell Organism) خلق ہوئے۔ پھر جراثیم کے عمل اور اس کے رد عمل کے نتیجے میں زیر آب نباتات نے سر اٹھایا، لاکھوں برس بعد سمندری حیوانات وجود میں آئے، پھر زمینی نباتات، پھر حشرات الارض (کیڑے مکوڑے) پھر حیوانات اور جب زمین پھولوں، پھلوں، اجناس اور رنگا رنگ نظاروں سے سج کر تیار ہو گئی تو اس محفل کے دولھا میاں یعنی حضرت انسان تشریف لے آئے۔

ہمارے ہیرو یعنی اتنے چھوٹے سے خلیے کے اجزائے ترکیبی کیا ہیں اور یہ بقول چکبست کن عناصر کی ترتیب سے بنتا ہے؟ وہ جان دار جو صرف ایک خلیے سے وجود میں آتے ہیں مثلاً وائرس اور بیکٹریا ان کے خلیے نسبتاً سادہ (Simple Cell) ہوتے ہیں۔ ان کا نظامِ حیات دوسرے خلیوں جیسا ہی ہوتا ہے جن سے بڑے جان دار اجسام ظہور میں آتے ہیں۔

انسانی خلیے کے تین عمومی اجزاء ہوتے ہیں۔ (۱) ایک جھلی نما چادر جو خلیے کی "دیوار شہر" یعنی حدود کے تعین اور حفاظت کا کام دیتی ہے (۲) اس احاطے میں بھرا ہوا مختلف لحمیات، نمکیات اور پانی پر مشتمل گاڑھا سا محلول اور (۳) بیچ میں ایک خول نما مرکزہ (Nucleus) اور اس مرکزے کی تجوری میں مقفل چھیالیس کروموسوم (Chromosome) جو آپس میں مل کر تئیس جوڑے بناتے ہیں۔ ہر کروموسوم پر جو ایک تکلے یا باؤلنگ پن (Bowling Pin) کی شکل کا ہوتا ہے دھاگے جیسا لپٹا ہوا ڈی۔ این۔ اے (DNA) جو دراصل اس کارخ زندگی یعنی زندہ جسم کا مکمل اور تفصیلی تعمیراتی نقشہ (Blue Print) ہوتا ہے۔

گویا ہمارا اور آپ کا جسم تین کھرب مختلف قسم کے جان دار خلیوں کا مجموعہ ہے جس کے ایک ایک خلیہ میں (خون کے سرخ ذرات کے علاوہ) جس کا پورا تعمیراتی نقش وجود ہے، اتنا مکمل نقش کہ اگر کوئی خلیہ اپنے قبیلے (جسم) سے بچھڑ جائے تو ڈی۔ این۔ اے کے مطالعے اور تقابل سے بلا کسی شبھے کے پہچانا جا سکے کہ یہ کس جسم سے نکلا ہے۔ یعنی ایک قطرے میں پورا دجلہ پوشیدہ ہوتا ہے۔

جرمنی کے مشہور معالج ڈاکٹر سیموئیل ہانے مان Dr. Samuel Hahnemann (1755ء۔۔۔1843ء) نے اپنی خداداد صلاحیتوں کے استعمال سے ایک نیا طریقہ علاج دریافت کیا جس کو علاج بالمثل (Homeopathy) کہتے ہیں۔ اس طریقہ علاج کا بنیادی اصول یہ ہے کہ ہر مادہ (خواہ وہ زہر ہی کیوں نہ ہو) جو انسانی جسم پر مضر اثرات ڈالتا ہے خود اپنے اندر ان مضر اثرات سے پیدا ہونے والی بیماریوں کو رفع کرنے کی بھی صلاحیت رکھتا ہے۔

"میر کیا سادہ ہیں بیمار ہوئے جس کے سبب
اسی عطار کے لونڈے سے دوا لیتے ہیں"

میر تقی میر نے جب یہ شعر لکھا تھا اس وقت تک ہومیوپیتھی طریقہ

علاج دریافت نہیں ہوا تھا)۔

ہانے مان ابتداء میں عام طریقہ علاج کا ڈاکٹر تھا مگر اس نے بعض اشیاء کی کم مقدار میں جو طاقت (Potency) دیکھی اس پر اپنی تحقیق کی بنیاد رکھی اور آج ہومیوپیتھی طریقہ علاج دنیا کے بیشتر حصوں میں مقبول ہے۔

غور سے دیکھا جائے تو واقعتاً اگر کوئی مادہ یا زہر صرف اور صرف ہلاکت ہی کا موجب ہو تو ایسی شے کی خلقت ظلم کے مترادف ہوتی۔ لہٰذا کسی بھی شے سے پیدا ہونے والے مرض کا علاج خود اسی کے بطن میں مہیا کر کے خالق کائنات نے کیسا اچھا انصاف کیا ہے۔ اب اگر انسان عقل سے کام لے اور زہر کا استعمال فراست سے کرے تو اس سے ہلاکت کے ساتھ ساتھ شفا بھی حاصل کی جاسکتی ہے۔

ڈاکٹر ہانے مان نے جب ہومیوپیتھی طریقہ علاج کی دریافت کا اعلان کیا تو اس کے حق میں تجربات کے نتائج اور دلائل کے لیے کچھ مقالات لکھے۔ اپنے ایک مقالے میں ہومیوپیتھی اور اس میں پوشیدہ راز قدرت وخلقت کا تذکرہ کرتے ہوئے ہانے مان نے لکھا کہ مجھے بے حد حیرت ان عقل والوں پر ہوتی ہے جو کارخانہ قدرت کے اتنے باقاعدہ محیر العقول اور بے مثال نظام تناسب کے مطالعے کے باوجود کہتے ہیں کہ خدا نہیں، تو کیا یہ سب خود بہ خود حادثاتی طور پر وجود میں آ گیا ہے اور اگر یہ حادثہ ہی تھا تو بھلا یہ قوانین، یہ ترتیب اور یہ تسلسل کیسے قائم ہے۔ آخر کون ہے جو اربوں برس سے بغیر کسی تعطل کے یہ کارگاہ کائنات وہستی کو چلا رہا ہے، جس میں نہ کوئی انحراف ہے اور نہ کوئی سقم۔

☆

''کمالِ ہنر''

شاعرِ خوش فکر و تازہ نفس، یارِ طرح دار باقر نقوی گزشتہ تیس برسوں سے اپنے ہنرِ شعر کا جادو جگائے ہوئے ہیں اور یوں پوری دُنیا اُن کے کمالِ ہنر کا اعتراف کرتی ہے، مگر اُن کی شخصیت کی ایک اور قابلِ رشک جہت سائنس کے تازہ موضوعات پر اُن کی تحریروں سے نمایاں ہوتی ہے۔ ہمارے زمانے میں اس طرح کے لوگ نایاب نہیں تو کم یاب ضرور ہیں جو بیک وقت کلاسیکی شعری روایت پر بھی کامل دسترس رکھتے ہیں اور عصر حاضر میں نمود وظہور کرتی ہوئی سائنسی دریافتیں بھی اُن کی نظر سے اوجھل نہیں ہیں۔

''مصنوعی ذہانت'' کے عنوان سے پیشِ نظر کتاب اردو میں اپنے موضوع کے اعتبار سے شاید پہلی کتاب ہوگی۔ بکھرے ہوئے مضامین کو بلحاظِ موضوع منتخب کرنا اور سلیس وسادہ زبان میں عوام تک پہنچانا باقر نقوی کا ایسا کارنامہ ہے جس پر جتنا بھی فخر کیا جائے کم ہے۔ جدید تر موضوعات میں مستعمل سائنسی اصطلاحات کے تراجم اور اُن کی عام فہم تعریف وتفسیر جس انداز سے کی گئی ہے وہ میرے اس یقین کی توثیق وتصدیق کرتی ہے کہ اگر زبان وبیان پر دسترس ہو اور مترجم موضوع پر محکم گرفت رکھتا ہو تو کوئی بھی سائنسی علم ایسا نہیں ہے جو اُردو میں منتقل نہ کیا جا سکتا ہو۔ ''مصنوعی ذہانت'' میں شامل مضامین عہدِ جدید کی علمی ضرورتوں کو پورا کرتے نظر آتے ہیں۔ باقر نقوی کی یہ خدمت اردو میں سائنسی مضامین کے موضوع پر ایک تاریخی دستاویز کی حیثیت رکھتی ہے اور عوام وخواص دونوں طبقوں کے لیے یکساں طور پر فائدہ مند ثابت ہوگی۔

افتخار عارف

سنہرا بال

باقر نقوی

صبح ہوتے اپنے گھر سے چہل قدمی کو نکل پڑا تھا۔ ہر طرف ایک عجیب روپہلی سی فضا تھی۔

تھوڑی دور چلنے کے بعد، بوٹ بیسن کے موڑ پر پہنچ کر، اچانک احساس ہوا کہ میں مادر زاد برہنہ ہوں، بدن پر نہ لباس کا ایک تار نہ پاؤں میں پاپوش۔ ننگا بُوچا۔ اور حیا کا دور دور پتا نہیں۔ شاید حیا بھی کپڑوں کی طرح گھر ہی میں رہ گئی تھی۔ عجب کیفیت سے دوچار تھا۔ مگر تھوڑی ہی دیر بعد احساسِ شرم بھی شروع ہو گیا۔ ساتھ ہی ایک نا قابلِ بیان، حیرت انگیز طمانیتِ قلب بھی تھی۔ نہ جانے کیوں، مگر سب کچھ بس انوکھا معلوم ہو رہا تھا۔

پہلی بار اپنی مردانہ وجاہت، نوجوانی کی زینتوں اور حسن کا احساس ہوا۔ ہوا بھی تو کن حالات میں۔ یہ بھی خواہش ابھر رہی تھی لوگ اس دلیر مرد کی طرف پسندیدگی اور استعجاب کے ملے جلے انداز میں دیکھیں۔ مگر سب اپنے آپ میں مگن تھے۔

دنیا کا نظام طے شدہ انداز میں چلتا ہے، سورج کروڑوں برس سے ایک ہی سمت سے طے شدہ اوقات پر نکلتا ہے۔ چاند بھی مخصوص دنوں میں غائب کیوں ہو جاتا ہے۔ اس کے نظامِ اوقات میں کوئی انوکھا خلل کیوں نہیں پڑتا۔ مگر کبھی ندرت بھی تو ہونی چاہیے۔ ضروری نہیں کہ جو کچھ دادا نے کیا وہی باپ کرے اور بالکل ہی مختلف دور میں پیدا ہونے والا پوتا بھی اسی طرح سب کچھ کرے۔ تو پھر انسان کے تخلیقی جوہر کہاں جائیں گے۔

دُبلا پتلا جسم، گندمی رنگ کا، کوئی نوجوان جیسے کسی ساحلِ عریانی پر محوِ خرام ہو۔ بس کچھ ایسی ہی کیفیت تھی۔ مگر اس 'ساحل' پر ایک بھی برہنہ حسینہ نہیں۔ تو پھر ایسے ساحلِ عریانی کا لطف کیا؟

بوٹ بیسن کی سڑک کے دورویہ پیدل چلنے والوں کے راستے پر غسلِ آفتابی کے لیے استعمال ہونے والے کرسی نما بستر لگے تھے، اور رنگ برنگی بکنی میں ملبوس، سنہرے بالوں والی حسینائیں، اور نہانے کے لباس میں مرد تھے۔ یہ کیسی انوکھی تبدیلی ہے۔ عام طور پر تو ادھر آتے ہوئے تو شرفا کو ڈر لگتا تھا، کہ دکانوں کے مال بیچنے پر مامور لوگ اس طرح آگھیرتے ہیں جیسے میٹھے پر مکھی! وہ سب کہاں چلے گئے۔ ہو سکتا ہے صبح کے وقت بوٹ بیسن کا بھی وہی عالم ہوتا ہو جس طرح رات بھر کے جشن و طرب کے بعد کسی بازارِ حسن کی صبح۔

بوٹ بیسن کی سڑک پر چہل پہل تو نظر آتی تھی مگر کوئی آواز نہیں! گویا پُرانے زمانے کی خاموش مگر رنگین فلم چل رہی ہو۔ یا اللہ! یا تو میں بہرا ہو گیا ہوں یا سب گونگے ہو گئے ہیں۔ مگر گاڑیوں کے چلنے کی آوازیں بھی تو نہیں آ رہی ہیں! اب تو امیروں کے وہ لڑکے بھی نہیں نظر آ رہے تھے، جو اپنے بزرگوں کی 'ھذا من فضلِ شیطان' دولت کا اظہار کرنے کے لیے مہنگی مہنگی کاریں بے مقصد دوڑاتے پھرتے ہیں، جن کو دیکھ کر خوف آتا ہے۔

کیسا روپہلا، کیسا پُرسکون اور کیسا جادوئی نوعیت کا موسم ہے۔ ایسا کہ وقت کا احساس زائل، بازار بھرے پُرے سجے ہوئے۔ دورویہ حسین جوڑے چہل قدمی میں بھی مشغول۔ مگر وہی سنّاٹا۔ گزرتی ہوئی کاریں بھی بے آواز۔

اپنا برہنہ بدن دیکھنا، مگر خجل نہ ہونا۔ حیرت، کہ آج کوئی مجھے دیکھتا نہیں۔ گویا برہنگی عیب نہیں فیشن ہو، اسٹائل ہو، جدّت ہو، افتخار ہو۔

یا مظہر العجائب!

اچانک ضمیر نے کچوکا دیا۔ چھوڑ اس بازار کو، اس ساحلِ عریانی نما بستی کو، اور نکل جا کسی صحرا کی طرف، جہاں نہ کوئی دیکھنے والا ہو نہ ٹوکنے والا۔ 'تہذیبِ نو' کی حکمرانی سے بہت دور، اور فطرت سے بہت قریب۔ اس لیے اور بھی کہ تیرے بدن پر لباس ہی نہیں۔ اور تجھے شرم بھی نہیں آ رہی ہے۔ شرم بھی تو انسان کے لیے ضروری شئے ہوتی ہے۔ ورنہ پھر جانور اور انسان میں فرق ہی کیا رہ جائے گا۔

صحرا میں سکون ہی سکون ہوگا۔ مگر ہم ہمیشہ سکون کے متلاشی یہ کیوں بھول جاتے ہیں تھا کہ 'سکوں محال ہے قدرت کے کارخانے میں'۔ موت بھی تو سکون ہی کا ایک ایڈیشن ہوتی ہے!

رہ رہ کر دماغ میں خجالت کی لہریں اُٹھ رہی تھیں۔

یکلخت منظر تبدیل ہو جاتا ہے۔

چاروں طرف، دور دور تک، اونچی اونچی، ہری بھری، بے ہنگم اُگی ہوئی قد سے بلند جھاڑیاں۔ نہ دوڑتی ہوئی گاڑیاں، نہ لال لال آنکھیں دکھانے والے سگنل۔ بس حدِّ نظر تک کھلا آسمان، موسم ایسا کہ نہ صبح نہ شام۔ نہ بادل اور نہ دھوپ، ہوا ہے تو سہی مگر کبھی تیز اور کبھی آہستہ۔ گویا جنگل میں بھی ایک جادوئی دنیا تھی! دور دور تک نہ کوئی آدم نہ آدم زاد! کہیں جنّت میں بھی ایسا ہی ماحول نہ ہو!

چلتے چلتے خواہش نے سر ابھارا، موسم اچھا ہے، سو، آج ذرا چہل قدمی لمبی ہو جائے۔ بہت دور تک، ذرا نئے انداز کی!

مگر چہل قدمی کی بھی کوئی حد ہوا کرتی ہے۔ اور اگر راستہ بھٹک گئے تو کیا ہوگا۔

بھٹکنا کیا معنی! اسی راستے واپس تو ہوا جا سکتا ہے۔

مگر، یاد رہے کہ واپسی کا راستہ آسان نہیں ہوا کرتا۔

وسوسے نے دل میں سر اُبھارا۔ بہت ہولیا اب واپس ہولو، نہ جانے آگے اور کیا دیکھنا پڑے۔

مگر اب تو سمت کا بھی اندازہ نہیں ہو رہا! یہ کیا! اب واپسی کیسے ہو گی؟ واپسی کی کوشش کی تو پریشان کہ کس طرف کو قدم بڑھائے جائیں!

ارے! تو کیا واقعی راستہ کھو بیٹھے ہیں؟ اب کدھر کو چلیں؟ کہیں نہ کہیں تو جانا ہی ہوگا۔ مگر نہ بدن پر لباس ہے نہ پاؤں میں جوتی! اس حال میں کہاں جایا جا سکتا ہے۔

ایسے صحراؤں میں اور بھی خطرات ہوتے ہیں۔ یہ تو کینیا کی سفاری جیسا صحرا ہے۔ دور دور تک جھاڑیاں مگر کہیں بھی کوئی پیڑ نہیں۔ کہیں سے کوئی تیندوا نکل آیا تو؟ تجھ برہنہ تن کو ہرن ہی سمجھے گا۔

پرانے خطرات سے بھاگنے والوں کو نئے اور زیادہ بھیانک خطرات جھیلنے پڑتے ہیں۔

ارے واہ! اچانک یہ قلعہ نما عمارت کہاں سے آ گئی۔ Thank God۔ یہ تو کسی لارڈ کی حویلی لگتی ہے۔ مگر گیٹ تو کھلا ہوا ہے۔ اندر چل کر دیکھتے ہیں۔ جو بھی ہوگا دیکھا جائے گا۔ صحرا سے تو چھٹکارا ملا۔ پہلے بستی سے چھٹکارے پر سکون ملا تھا، اب صحرا سے چھٹکارے پر خوشی؟ خوب! انسان کسی حال میں خوش نہیں رہتا!

گیٹ سے داخل ہوتے ہی کیاریوں سے بنی ایک بھول بھلیاں سامنے منھ کھولے کھڑی ملی!۔ یک نہ شُد دو شد۔ ایک اور مشکل! زندگی میں کبھی کبھی ایسا مرحلہ بھی آتا ہے جب انسان کہیں گُم ہو جانے کی آرزو کرنے لگتا ہے۔

کہیں یہ بھول بھلیاں تحفظ کی خاطر، خودکُش بمباروں سے بچنے کے لیے تو نہیں، یا پھر یہ کوئی نئی چال ہے۔ راستہ بھی بھولے اور اس پر مستزاد یہ کہ بھول بھلیاں کا سامنا ہے۔! 'مرے پہ سو دُرّے' اسی کو کہتے ہوں گے، مگر اس کو تو بھگتنا ہوگا۔

مگر میں کوئی خودکُش بمبار تو نہیں۔ خودکُش بمبار تو ڈھیلے ڈھالے، ضرورت سے زیادہ لباس میں نکلتے ہیں۔ یہاں تو بدن پر لباس کا ایک تار بھی نہیں!

نیت اچھی ہو تو سب کچھ ٹھیک ہو جاتا ہے میاں!۔ غنیمت جانو۔ بھول بھلیاں کو بھی نعمت جانو۔ مہم جوئی کرنے والوں کے بھی مقدر ہوا کرتے ہیں۔

کسی لارڈ کی حویلی نہیں، یہ برطانیہ کے 'آسمانی بھونپو' کی عمارت ہے۔ ارے یہ کیا؟ اور سامنے وہ سڑک ہے جس پر ہر سال انگلستان کی 'موی' ملکہ سنہرے رتھ میں بیٹھ کر، جس کے بوجھ کو ہر رنگ کے فربہ اور جہان بھر کے چیدہ چیدہ، سدھے ہوئے گھوڑے کھینچتے ہیں، 'فرمان' جاری کرنے جاتی ہے۔ ارے! ہم کہاں پہنچ گئے؟

یاد کرو نا! یہ وہی شہراہ ہے، جس پر روزآنہ تم لنچ کے بدلے ایک سیب اور ایک کیلا کھایا کرتے تھے، ٹہلا کرتے تھے، اور پورے ایک گھنٹے دیدارِ حسیناں کی دلچسپ اور ہیجان انگیز مشغولیت رہا کرتی تھی۔ لد گئے وہ زمانے۔

ارے! یہ کیا؟ یہ احساس ہی نہیں ہوا کہ کیاریوں سے بنی بھول بھلیاں میں داخلے کے وقت تو عالمِ برہنگی تھا۔ اب بدن پر یہ لباس کہاں سے آ گیا! شاید بھول بھلیاں میں داخل ہو کر اپنی بھول کا احساس ہو گیا ہو، اور بدن پر ویسا ہی لباس آ گیا ہو جس کو دیکھ کر ساری رعایا تو چپ تھی مگر ایک لڑکا بول پڑا تھا ''بادشاہ ننگا ہے، بادشاہ ننگا ہے'' مگر ہم تو بادشاہ نہیں! ابھی ابھی ایک موی ملکہ ادھر سے گزری تھی۔ تو کیا اس کا لباس بھی ویسا ہی تھا؟ واہ، واہ۔ اگر ملکہ جوان ہوتی تو کچھ لُطفِ نظارہ بھی ہوتا، یہ تو اسّی برس کی تھی۔

اب جیسا بھی ہو لباس تو ہے نا۔ کوئی کچھ بھی سمجھا کرے، کچھ بھی کہا کرے۔ دنیا حقیقت کی آنکھ سے دیکھتی سب کچھ ہے مگر مصلحت کی زبان سے بولتی ہے۔

ہر طرف سے پنجابی بولنے کی آوازیں۔ ارے! یہ لاہور ہے یا امرتسر ہے یا ساؤتھال ہے یا کچھ اور۔

ہر طرف پگڑیاں ہی پگڑیاں! چودھریوں کی پگڑیاں، اللہ میاں کے طوطوں کی دُمچی والی پگڑیاں، طالبان کی سیاہ پگڑیاں، ملاؤں کی سفید پگڑیاں، ہندی ملاؤں (سرداروں) کی نارنجی پگڑیاں، مارواڑیوں کی پگڑیاں۔ یا اللہ اور کتنی پگڑیاں دیکھنی پڑیں گی؟

کوئی پگڑی اُچھال نہ دے! مگر میرے سر پر تو کسی قسم کی پگڑی نہیں۔

کیوں نہ ہم بھی ایک نئے قسم کی پگڑی ایجاد کر لیں؟ جس میں ایک نہیں کئی طرح کے رنگ ہوں، اور حسبِ ضرورت اس کو دوبارہ باندھ کر آرام سے ہر طرح کے پگڑی والوں کے جلوس میں شامل ہو جایا کریں۔ اتنی بڑی ہو کہ اس میں چھوٹے موٹے ہتھیار بھی چھپائے جا سکیں! ہتھیار؟ ارے بھائی اپنی حفاظت کے لیے بھی تو ہتھیار کی ضرورت ہوتی ہے!

چلو اچھا ہوا۔ جان بچی لاکھوں پائے، پگڑی والوں میں تو آئے۔ کم از کم یہ اپنی طرف کے تو ہیں۔ کچھ تو مروّت کریں گے۔

لندن کی بس اور کھچا کھچ بھری ہوئی، بالکل کراچی کی طرح، جہاں لوگ بس کے پیچھے لگی سیڑھیوں پر آم، امرود کی طرح لٹکے، حتیٰ چھتوں پر بھی چڑھے سفر کرتے ہیں، سڑک کے ہچکولوں کے باعث گرتے بھی ہیں، اپاہج بھی ہوتے ہیں مرتے بھی ہیں۔ انتظامیہ کو کسی پر رحم نہیں آتا!

حواس درست ہوئے تو دیکھا کہ ہمارے پہلو سے لگی ایک گوری لڑکی کھڑی تھی۔ اتنی قریب کی اس کے جسم کی حرارت موٹے موٹے کوٹوں کے درمیان سے گزر کر بدن کی حساس جلد تک پہنچ رہی تھی۔ لڑکی جوان بھی، اور

نہایت حسین بھی۔ سبحان اللہ! لوگ تو گورے رنگ کے حسینوں کو رنگ دار جلد والوں کے حسینوں سے بہتر کہتے ہیں! اس میں بھی ایک احساسِ کمتری کا دخل ہوتا ہے۔

جوں ہی حسین لڑکی کی قربت کا احساس ہوا، جسم میں کرنٹ دوڑنے لگے ہیں۔ اسی کو جوانی کہتے ہیں۔ یہ سب ہارمون کا چمتکار ہوتا ہے بابا!

لوگ کہتے ہیں کہ پہلی نظر میں محبت ہوگئی ہے۔ محبت صرف ماں کے دل میں اپنے اولاد کے لیے ہوتی ہے جو قدرت کی طرف سے ودیعت ہوتی ہے۔ اور کوئی رشتہ محبت کا نہیں ہوتا۔ کہتے ہیں کہ خون کے رشتوں میں محبت ہوتی ہے۔ اگر ہوتی ہے تو ایک بھائی دوسرے بھائی سے نفرت کیوں کرنے لگ جاتا ہے۔ اورنگ زیب نے اپنے بھائیوں کو قتل کیوں کرادیا تھا۔ آنکھیں کیوں نکلوا دی تھیں؟ اور وہی اورنگ زیب مسلمانوں کا محبوب شاہنشاہ کہلایا!!

میاں! جس کو ہم محبت کہتے ہیں، محبت نہیں دراصل ضرورت ہوتی ہے۔ بیٹا باپ سے اس لیے محبت کرتا ہے کہ نظر باپ کے مال پر ہوتی ہے۔ جہاں بیٹا معاشی طور پر خود کفیل ہوتا ہے، وہاں باپ کی موت پر رسمی طور پر محض پھول بھجوا کر رشتے کا پاس کرتا ہے۔ باپ بھی بیٹے کی 'محبت' میں گرفتار ہوتا ہے جب اسے بیٹے سے معاشی توقعات ہوتی ہیں، یا مجبوریاں ہوتی ہیں۔

جوان مرد اور جوان عورتیں اس لیے 'محبت' میں گرفتار ہو جاتے ہیں کہ ان کی رگوں میں ایسا سیال دوڑ رہا ہوتا ہے جس کی ضروریات انہیں مجبور کر دیتی ہیں۔ باقی سب انسیت ہوتی ہے جو ایک ساتھ سالہا سال بسر کرنے سے بھی ہو جاتی ہے۔ جانوروں کو بھی انسیت ہو جاتی ہے۔ اور کچھ نہیں۔ لوگ اسے محبت کہہ کر جواز پیدا کر لیتے ہیں۔ تو کیا ہم بھی کبھی کبھی جانور ہو جاتے ہیں؟

ہاں، تو ہمارے پہلو سے لگی ایک گوری لڑکی کھڑی تھی۔ جوں ہی اس کی قربت کا احساس ہوا، جسم میں کرنٹ دوڑنے لگے تھے۔ اور کچھ نہیں تو قربت تو ہے۔ اس کے جسم کی اور شینیل کی ملی جلی خوشبو تو ہے۔ لڑکی شاید نشے میں تھی، بار بار اس کا سر میرے کاندھے پر ٹک جاتا۔ ایک بار دل میں خیال آیا کہیں یہ مدہوشی حسن طلب تو نہیں۔ مگر پھر سوچا، ابھی کچھ دیر اور دیکھتے ہیں، ہو سکتا یہ حسنِ طلب ہی ہو! جو کچھ بھی ہوگا دیکھا جائے گا۔

افسوس۔ جیب میں ہاتھ ڈالا تو صرف ایک پاؤنڈ اور بیس پنس! ارے! اتنا تو بس کے کرایے کے لیے بھی کافی نہیں۔ کم از کم کرایہ تو دو پاؤنڈ ہے۔ پاؤنڈ کے سکّے پر نظر پڑی تو کیا دیکھتے ہیں کہ اس پر تو ہٹلر کی شبیہ بنی ہوئی تھی۔

یا اللہ! برطانیہ کا سکّہ اور اس پر ہٹلر کی شبیہ! یہ کیسا سکّہ ہے؟ کیا جرمنی نے برطانیہ پر قبضہ کر لیا ہے؟ مگر چرچل نے تو کہا تھا کہ جب تک برطانوی نظامِ انصاف قائم ہے، جرمنی ہم کو فتح نہیں کر سکتا۔ تو کیا ہٹلر سے مفاہمت ہوگئی ہے؟ یا برطانیہ کا نظام انصاف کسی آمر کی چھری تلے آ گیا ہے؟ کیا ابھی دوسری عالمی جنگ کا زمانہ ہی چل رہا ہے؟ کیا ہٹلر نے ملکہ کے خاندان میں شادی کر لی ہے اور اس کو تخت کی وراثت بھی مل گئی ہے؟ کیا حکومت برطانیہ ہی کی ہے، اور ہٹلر صرف رسمی بادشاہ رہے گا۔ بالکل ویسا ہی جیسے ہمارے ایک مشرع، ڈاڑھی والے صدر صاحب تھے، جن کو کھانے، نماز پڑھنے اور وزیر اعظم کی ہر بات پر سر ہلانے کے سوا کچھ بھی نہیں کرنا پڑتا تھا! کیا مزے کی نوکری تھی! دل میں عجب عجب خیالات موجیں مار رہے تھے۔

ہم یہ کیوں بھول رہے ہیں کہ برطانیہ سمیت یورپ کے تمام خاندان ایک دوسرے کے قرابت دار رہے ہیں۔ ماؤنٹ بیٹن کا اصل نام تھا بیٹن برگ۔ جرمن زبان میں برگ پہاڑ کو کہتے ہیں سو جب ماؤنٹ بیٹن کے خاندان کی انگلستان کے شاہی خاندان سے رشتے داری ہوئی تو بڑی چالاکی سے اس نے اپنے نام کو انگریزی نام کا لبادہ پہنا دیا۔ اور وہ بیٹن برگ سیما ؤنٹ بیٹن بن گیا۔ حرف تبدیل ہوگئے مگر معنیٰ وہی رہے! کیا خوب کاری گری ہے! ہو سکتا ہے کہ کچھ نیا پیچ پڑ گیا ہو۔ حکومت میں ہونیوالے اپنے جیب میں ہر طرح کے جادوئی امکانات رکھا کرتے ہیں۔ ''نہ جانے کون سا کس وقت کام آجائے! سوا ایک جیب میں بُت ایک میں خدا رکھنا!''

خیالات بھی بالکل بندر کی طرح ہوتے ہیں۔ کبھی اس ڈال پر اور کبھی اُس ڈال پر۔ ان پر قابو پانا کارِ محال ہے۔

مگر یہ بس بھی اپنی بستی تک تو نہیں جاتی۔ یعنی اور بھی بسیں لینی ہوں گی، تو دو، چار یا چھ پاؤنڈ درکار ہوں گے۔

دادی اماں ٹھیک ہی تو کہا کرتی تھیں نا ''بیٹا گھر سے نکلو تو پاؤں میں اچھی جوتی ہو اور جیب میں معقول رقم ہو۔''

بادلِ ناخواستہ لڑکی کی قربت چھوڑ، بس کے کنڈکٹر سے کہا، بھائی میرے پاس تو دو پاؤنڈ بھی نہیں۔ کیا میں بس سے اتر جاؤں؟ ہائے رے بدقسمتی، کہیں پیچھا نہیں چھوڑتی! کوئی بات نہیں۔ پھر کبھی! وصل کی خواہش ہی سہی! اس میں تو کچھ خرچ نہیں ہوتا!

بس کنڈکٹر بد بخت بھی کٹھور دل کا آدمی نکلا۔ پتہ نہیں ایشیائی تھا یا انگریز۔ اطوار سے تو لگتا ہے، ایشیائی ہی رہا ہوگا۔

زبان ہی سے پہچان ہوتی ہے نا۔ علی ابن ابی طالب نے کہا تھا ''کلام کرو تا کہ پہچانے جاؤ'' مگر اس نے تو بول کر بھی نہ دیا! تو اس گونگے کی پہچان کیسے ہوتی!

اس جانور نما انسان نے اشارے ہی سے کام لیا۔ زبانِ بے زبانی سے، یعنی آنکھ کے اشارے سے بس سے نیچے اترنے کا اشارہ کیا۔ گویا کہہ رہا ہو' جیب خالی تو تمھارے لیے سڑک بھی خالی'۔

یہ بھی مہربانی تھی اس کی، کہ جتنی دور بھی سفر کیا، مفت کیا!

پیدل بھی ہو گئے، راستہ بھی نہیں معلوم، کدھر جانا ہے۔

اچانک سامنے گھر کا دروازہ آ گیا۔

ارے واہ! چلو مشکل آسان ہوگئی۔

کنجی لے کر تو نکلے تھے مگر نہ جانے ہول میں کہاں گر گئی۔ گھنٹی بجائی۔ بیوی پریشان! دوڑی ہوئی آئی۔

ارے! آج اتنی دیر کہاں لگائی؟ گھڑی دیکھو، دِن کے بارہ بج رہے ہیں!

گھڑی کی ضرورت ہی نہیں پڑی۔ ارے۔ بس کچھ نہ پوچھو۔

کچھ تو بتاؤ! میں کب سے پریشان ہو رہی تھی۔

آج جیسی چھل قدمی پہلے کبھی نہیں ہوئی! بڑا لطف آیا۔

بیوی سے جھوٹ بولنا جائز ہے!

ایک لمحہ ہی گزرا تھا کہ وہی محبت کرنے والی بیوی بَل کھا کر بڑے بڑے ناخنوں والی چھل پائی بن گئی۔

چھل پائی نے میری آنکھوں میں آنکھیں ڈال کر غور سے دیکھا جیسے وہ ان میں پوشیدہ راز تلاش کر رہی ہو۔ اس کی نظریں بار بار میرے اوور کوٹ کے کاندھے کی طرف اُٹھ رہی تھیں۔

''ہاں ہاں، کیوں نہیں، مزہ کیوں نہیں آیا ہوگا'' رنگ رلیاں منا کر آ رہے ہونا۔ وہ مٹک کر انگلی نچاتے ہوئے بولی۔

''بھئی، کیا بکواس ہے''

اپنے سیاہ رنگ کے کوٹ کے کاندھے پر نظر کی تو سنہرے رنگ کا ایک لمبا سا بال لہرا رہا تھا۔

اس لمبے سنہرے بال کا کیا جواز پیش کرتا؟

زبان گُنگ، کوشش کے باوجود، بولنا چاہا تو آواز نہیں نکل رہی تھی۔

اتنے میں محسوس ہوا کی پیچھے سے کسی نے کاندھے پر ہاتھ رکھ کر مخاطب کرنے کوشش کی۔ پلٹ کر دیکھا تو نشے میں چور وہی بس والی گوری لڑکی کھڑی تھی۔ اس کے بکھرے ہوئے لمبے لمبے سنہرے بال ہوا میں ہلکورے لے رہے تھے۔

''واہ مسٹر، آپ مجھے اکیلا چھوڑ کر چلے آئے'' وہ بڑے ناز سے بولی۔ پلٹ کر بیوی کی طرف دیکھتا ہوں تو بالکل ڈرامے کے اسٹیج کی طرح یک سر منظر بدل چکا تھا۔ نہ گھر تھا نہ گھر کا دروازہ۔ نہ غراتی ہوئی چھل پائی!

حیرت تو بہت ہوئی۔ مگر، چلو ایک طرف سے تو سکون ہوا۔

مگر اب یہ لڑکی، اور یہاں کس لیے آئی ہے؟ اس کو پتا کیسے معلوم ہوا کہ میں یہاں ہوں؟ کہیں یہ بھی ایک مصیبت نہ بن جائے؟

لڑکی بولی ''میں تو سمجھی تھی کہ تم مجھے ڈانس ہال میں لیجانے کی درخواست کرو گے۔ مگر پلٹ کر دیکھا تو تم اچانک غائب ہوگئے تھے''

لو! ہیں نہ اس میں مصیبت کے آثار!

میں نے بات بناتے ہوئے کہا ''ڈارلنگ میں ذرا سگریٹ خریدنے کے لیے بس سے اترا ہی تھا کہ بس چل دی'' اب میں اس کو کیا بتاتا کہ میرے جیب میں تو بس کا کرایہ بھی نہیں تھا، سگرٹ کہاں سے خریدتا۔ میں ڈانس ہال میں چلنے کی فرمائش کیسے پوری کرتا۔

میں نے کہا ''سوری ڈیر'' مگر اب میں تو تمہارے ساتھ نہیں جا سکتا۔ وہ بولی اچھا اگر تم نہیں جا سکتے تو میرا بال واپس کرو۔

میں نے سوچا اچھا ہوا، یہ بال میرے لیے وبال ہی تو تھا۔

میں نے خاموشی سے اپنے کوٹ کے کاندھے پر سے اس کا سنہرا بال چٹکی میں اٹھا کر اس کی پھیلی ہوئی ہتھیلی پر رکھ دیا۔

لڑکی کے پیچھے پیچھے کچھ کالی، سفید اور ہری پگڑی والے بھی آ گئے تھے۔

ان سب کے منہ لٹکے ہوئے تھے اور ان سب کے کوٹ کے کاندھوں پر سنہرے بال لہرا رہے تھے۔